快速學會紫微活盤

用最簡單的方法讓您看得懂命盤

范振木、黃恆堉、黃素芳——著

	太陽	文曲	破軍	廉貞	丑	寅	卯
	太陰	紫微	天梁	天機	寅	辰	巳
	廉貞	文昌	天機	天同	辰	巳	午
	巨門	天機	天同	太陰	巳	午	未
	天機	右弼	太陰	貪狼	辰	巳	午
	文曲	天梁	貪狼	武曲	巳	未	己
	天相	天同	武曲	太陽	未	酉	庚
	文昌	武曲	太陽	巨門	申	戌	辛

推薦序　林吉閩老師

紫微斗數與八字命盤，可說是上輩子的成績單，這一生的資質及六親關係或許是前世的延續，上天所賦予靈魂的能量，再透過現世的修持，來世再做生命福報的裁決。瞭解命理必深信因果，也會更加惜緣。

我與范老師的相識可推溯到約二十五年前，而在庚辰年再度相逢，對我而言可謂與貴人再度重逢，因我從他身上學到行事作風及教學方法。然而范老師每當跟學生上課時，總提筆者為恩師，依我的心態總覺承受不起，其實應定位為朋友互相研習。另一方面而言，由此證明范老師是一位積極好學，而不因眼前的成就而自滿，更是一位知書達禮的飽學之士。

命理老師除了要有學理的素養以外，更要懂得教學程序及學員的需求。范老師在大學是學企管出身，而且在八字的學理上，亦構成了「官

印相生」的好格局，長期在社區大學開課時，學生總是座無虛席，且效果宏大；當課程結束時，社大舉辦的成果發表會，所主持的攤位往往帶來最多的人潮，並深受好評。好格局能從事命理的教學，其實是非常難得的；對於喜愛紫微斗數人士，又多一位值得跟隨及學習的對象。

范老師多年的教學經驗，治學嚴謹，尤其對於學理鍥而不捨的研究精神，更是讓人折服，作育英才無數，目前已造就多位優秀之命理界菁英，並分佈在全省各地，對命理界的貢獻居功厥偉，且有目共睹，本人有幸為其寫序，亦備感光榮。

八字卜卦老師　林吉閩謹序

推薦序　林茂松老師

學五術最為頭痛的莫過於必須要記憶背誦一些基本的資料，這些基本資料難記易忘，相信除極少數擁有天賦異禀能過目不忘外，絕大多數前輩先進，都曾經歷過此一痛苦過程。老師亦不諱言，在學斗數之始，耗時最多者就是背誦這些東西。因此，在學習過程中，便積極思索，如何突破此一困境。

為此，在老師殫智竭力反覆演練之後，創造出許許多多難以忘懷之記憶方式，有歌謠方式，有詩詞方式，有以諧音方式聯想，最精彩者則應為掌中訣之記憶與運用，茲略舉一二與讀者分享。記得在學八字時，節氣曾是我的困擾，老師卻用閩、客語以詩歌方式吟唱「春雨驚春清穀天，夏滿芒夏二暑連，秋暑露秋寒霜降，冬……」，在婉轉悅耳歌聲中，當晚我就記住了節氣。

斗數中最基礎、最重要卻也是難記易忘的祿、權、科、忌四化，老師則用諧音方式摻雜故事或帶些葷色聯想，效果奇佳，例如：甲年生人其四化分別為廉貞化祿、破軍化權、文曲化科、太陽化忌，一般以「甲廉破曲陽」來背誦，而辛年出生者則以「辛巨陽武昌」記之，因這些句子基本上毫無關聯性，又無意義可聯想，殊難記憶。對第一句，老師幽默風趣的說，只要想起古代后羿連續射下九個太陽，但我們力氣較小，只要「甲連（廉）破七（曲）個太陽」即可；後一句以「辛拒（巨）絕養（陽）五（武）個娼（昌）妓」（聯想方式：我連一個娼妓都養不起，奢談養五個）。另其他八個天干也各有精彩的聯想方式，不須一個時辰即深深烙在腦海裡，而且幾乎永難忘懷。

老師精通古文，熱愛詩詞，常用詩詞形容一命格或一種特徵，例如以：

美人捲珠簾，深坐蹙蛾眉
但見淚痕濕，不知心恨誰

來形容同巨女命之特性及感情，試問有誰能以忘懷?!

也許老師是紫微帝君坐命的緣故，自有其恢宏之器度，心胸特別開闊，再加上天鉞坐命特別熱心，亦具備師格，老師教學傾囊相授，從不藏私，期許他的每一位學生均能學有所成，都能獨當一面。及其學生學有所成，在外開業、授課，老師從無不悅之色，亦不憂慮其學生搶走生意或地盤，反而鼓勵有加，甚至從旁協助，提供教材及教學經驗，他誠心誠意希望他的學生都有一席之地，筆者學習五術亦有一、二十年，經歷老師不在少數，范老師是我所見極少數有此胸襟者。

老師教學能力不用懷疑，我常跟范老師說您是我唯一僅見能將一個不具有五術慧根者，也可教到能侃侃論命，入木三分。老師亦具有赤子好奇之心，也會開玩笑反問我到底是哪些人?其實在老師心目中沒有什麼慧不慧根，只有用不用心學而已，他最常掛在嘴邊的一句話：欠錢的人學得最快。

本書是老師嘔心瀝血之作，透過老師自己所獨見而創造出來，一如他的教學方式，層次、條理分明，鉅細靡遺，旁徵博引，深入淺出。學習紫微一切都是回歸於「**單星的基礎和四化的活用**」，拿捏得宜之外，其次必須知道大限、小限以及太歲必須加上這**七顆星**（祿存、擎羊、陀羅、化祿、化權、化科、化忌）之後，就產生千變萬化，這樣才叫做真正的紫微斗數活盤論命了。

以上是做為一個學生所見之事實，由衷的感謝老師辛苦的教誨，願將這個經驗分享給同好。

後學弟子　林茂松　謹序

作者自序

教學的過程中發現有許多學生看了很多年紫微斗數的書，只會看本命十二宮。大限和流年，甚至流月就卡在那裡不會看，非常可惜，基於這個原因，個人願意把教學的經驗分享給命理同好，用最簡單的方法讓您看得懂命盤。

首先必須知道大限、小限以及太歲必須加上這**七顆星**（祿存、擎羊、陀羅、化祿、化權、化科、化忌）之後，就產生千變萬化了，這樣才叫做真正的**紫微斗數活盤論命**了。

此外也附上一些學歷、意外、疾厄、倒限、婚姻、事業等的案例來練習讓您立刻記下來。以范老師教學超過二十年，**學生也超過三千位之經驗**，學好紫微一定要按部就班，其次在研習過程中一定要把周遭親友的命例整理成冊保留驗證。

范老師教學認真，沒有學不會的學生，只有表達力不夠強的老師，學習紫微**不須慧根，只要會跟**，跟對了老師受益無窮，跟不對老師繳了冤枉錢不打緊，還浪費了寶貴的時間，**網路上給范老師的評價是最會教的紫微斗數老師**，讓我感到非常的欣慰。

這本書方便之處是可以隨身攜帶，車上看，咖啡廳看，擺在床頭櫃睡前看，都非常方便。謹祝大家學習成功。

范振木老師　黃恆堉老師　黃素芳老師　同序　2021 年歲次辛丑年中秋

軟體規劃 作者序 黃恆堉老師

喜歡命理風水的人一定會想知道八字比較準，還是紫微斗數比較準，答案就是公說公有理，婆說婆有理，我個人的理解是【八字】像是一棟建築物的主要樑柱及隔間，【紫微斗數】像是室外及室內的裝潢。【八字】只有幾個字，【紫微斗數】卻有十二宮，每一宮包含了一個人的精神與物質，親情與愛情的意象。

如果想要徹底瞭解一個人人生，運勢用【紫微斗數來分析】當然比較全面性，兩者誰勝誰負一目瞭然。

本書是范振木老師第三本正式出版的紫微活盤論斷書籍，從書中的內容教我們如何從一張命盤中看出：

★不利婚姻的原因怎麼論？★六親之刑剋怎麼論★會離婚的命盤怎麼看★牛郎的命盤怎麼看★升官功敗垂成的命例怎麼看★什麼時間點會

財官來拱的命盤怎麼看?還有很多案例請細細品味：

★什麼樣的命盤會去從事有是非、官司的行業?

★什麼樣的命盤適合從事命理行業(異路功名)?

★自殺、意外、癌症、心臟病、肝病從命盤怎麼看出來?

★一生是文職或武職、有沒有出國的命、朋友多不多全可看出來?

這本書買回去絕對可以打開您以前對於論斷紫微斗數的盲點，因為論斷的技巧，在本書已說得很清楚了。

我們常聽人說：專精一藝可發財，范振木老師從事紫微斗數的研究教學已超過三十年，在 2015 年聽了我的建議，如果要把在台灣教授紫微斗數的課程推展到海外，一定要錄製成一系列課程在網路平台銷售，因為國外的華人想學也無法來台灣學習，於是范老師聽了我的建議，錄製初、中、高一系列教學片，把教學片放到各種影音平台，想不到在短短幾年間就受到好幾十萬粉絲讚賞，說范老師真的很會教紫微斗數。

因為我看到有那麼多人讚賞范老師，而這本書又沒教怎麼排紫微斗數命盤，於是為了搭配讀者省去排盤時間，我就開發一套紫微斗數排盤軟體送給買本書的讀者，您只要輸入出生年月日時，對照本書解盤的方式來學習分析命盤，久而久之，您將能學到真正批命快、狠、準的功夫，本書一定能啟發您對紫微的信仰，在學習紫微斗數的路上要找到用邏輯方式教學的老師，范振木老師第一當之無愧，本書也沒多錢，就買一本回去典藏吧！

記得到吉祥坊官網下載【占驗派紫微斗數排盤軟體】

願所有看到本書的人都能好運連連連。

台中市五術教育會　創會理事長　黃恆堉書於
吉祥坊易經開運中心　04-24521393
Tel:04-24521393　0980-258768
Line id　@a228　WeChat id　abab257

范老師　淺談紫微斗數

余早年不信命數，以為豪傑之士不難游鯤鱗於萬里之程，展鳳翔於九天之表，徐而驗之，不獨功名富貴，非可倖獲，而經濟文章之深造亦難以強求。近三十年來，歷盡滄桑，深悟孔子所言：「君子居易以俟命，小人行險以僥倖，不知命無以為君子。」的道理。

紫微斗數為中國傳統五術中一門學問，和子平八字一樣都以人的出生年月日時辰去推命論命的兩大支柱，概言之乃為一高深統計學加上邏輯推理的一門千古絕學，絕非鬼神之論，所以廣受知識份子的喜愛與認同。紫微斗數由十二個宮位配合一百多顆星曜的組合而千變萬化，可以非常細膩精準的去推論一個人之命運。**由於紫微斗數一向都是宮廷單傳或是極少數師徒相傳，將其視為瑰寶，極少著作流傳於後世**，三十年前幾位紫微斗數前輩在台灣報章雜誌大力宣揚才重見天日。

紫微斗數源自於宋朝太宗年間陳希夷祖師爺，至明朝神宗年間道家無心道人把紫微斗數和奇門遁甲融合運用而創立占驗門，是為紫微斗數占驗派始祖，使之更活潑化了，增加了小限盤和斗君盤，加上本命盤、大限盤、太歲盤，合計五個盤；至清朝康熙年間第三十六代掌門人林永基先生皈依佛教禪宗而延續承傳；西元一九七八年傳至五十四代傳人天乙上人，也就是我的恩師許金發老師；一九八八年余承緣拜入門下，一九九〇年學成授予靖園主人道號，因此余即屬五十五代矣！

中庸有云：「行遠必自邇，登高必自卑」，可見任何一門學問，欲求登峰造極，必先厚植其根基，蓋自余入浩瀚之五術領域，迄今已二十五載矣，推算今人命造無數，一路走來，頗識其險夷淺深要害之處，古人謂「立德、立功、立言為三不朽」，曹丕亦云：「蓋文章，經國之大業，不朽之盛事。年壽有時而盡，榮樂止乎其身，二者必至之常期，未若文章之無窮」，是故余將在有生之年將此千古絕學紫微斗數傳授於後進，發揚中華文化，略盡棉薄於萬一。

古先哲如文王幽而演周易，其餘如姜子牙、鬼谷子、諸葛亮、李淳風、徐子平、陳希夷、劉伯溫、萬育吾等前輩皆以命數定人終身，決其休咎者，蓋人生在世榮華富貴，貧賤疾苦，冥冥之中早有定數，茲錄古詩一首用以證其神奇：

石崇豪富范丹窮，運早甘羅晚太公，
彭祖壽高顏命短，六人均在斗數中。

漢朝賈誼有言：「吾聞古之聖人，不居朝廷，必在卜醫之中。」或許是因為廟堂與山林之間的距離差距過大，古今雖有若干經典之作，出自廟堂之士，但紫微斗數與八字論命猶徘徊於市井之間的庶民趣味，仍難登鐘鼎殿堂之境，有清雍正皇帝為此道高手，但以帝王之尊，仍不能公開倡導，蔚成廷臣之風氣，足見命理之說，士大夫恥於浸淫其道。命理之說儘管深植於平常百姓人家意識之中，但囿於儒家君子之道，以奕棋之道猶被視為雕蟲小技，更遑論普遍被視為玄學末流之命理，自命清

高之士大夫自然要望而卻步矣！「醫」有心理治療師，「命」亦可稱心靈治療師，是故命理師當為社會人群盡一份心靈改革、淨化社會的責任。

在西方流傳著一則古老的笑話：一位下級軍官問腓特烈大帝說：「我跟隨你出生入死，歷經百戰，為什麼始終只能位居低層，不能像另外許多袍澤一樣，節節高升，光宗耀祖。」腓特烈大帝面帶微笑，指著一頭正由身邊經過、馱運輜重的驢子答道：「你知道嗎？這頭驢子也和你一樣，跟著我出生入死，身經百戰，但牠仍然是一頭驢子。」這個故事啟示我們「命」是既定的，但「運」來時要好好把握，去努力，非消極的怨嘆人生，而是要積極的把握機會，出人頭地，這也是我們研究學習命理的最終目的。

中國歷代讀書人多以醫、卜、星相列為副修，其有成就者，稱為「通儒」，每受帝王尊崇。然現今西洋占星充斥國內各大媒體，年輕一代耳濡目染之下皆能朗朗上口，先賢流傳之易經、五術手面相、八字，紫微

斗數反而不知珍惜，任其式微，甚至視其為迷信落伍，糟蹋珍貴寶藏，何其可悲！我們深切期盼這些老祖宗「嘔心瀝血」研究之五術有朝一日能躋身學術殿堂是盼！

范振木老師謹識於西元 2021 年辛丑年

范老師網址：www. fjm. tw

目錄

第一章

紫微斗數的祿羊陀及四化位置及記法

祿存、擎羊、陀羅 及四化（化祿、化權、化科、化忌）位置圖

年干	祿存	擎羊	陀羅	化祿	化權	化科	化忌
1、甲	寅	卯	丑	廉貞	破軍	文曲	太陽
2、乙	卯	辰	寅	天機	天梁	紫微	太陰
3、丙	巳	午	辰	天同	天機	文昌	廉貞
4、丁	午	未	巳	太陰	天同	天機	巨門
5、戊	巳	午	辰	貪狼	太陰	右弼	天機
6、己	午	未	巳	武曲	貪狼	天梁	文曲
7、庚	申	酉	未	太陽	武曲	天同	天相
8、辛	酉	戌	申	巨門	太陽	武曲	文昌
9、壬	亥	子	戌	天梁	紫微	天府	武曲
10 癸	子	丑	亥	破軍	巨門	太陰	貪狼

第一節 四化及祿存簡表

逸雲閣星相研究所
預約電話：0909-331395　（02）8521-1998
新北市新莊區化成路 489 之 5 號
網址：www. fjm. tw

丙祿 戊祿 巳	丁祿 己祿 午	未	庚祿 申
辰	局		辛祿 酉
乙祿 卯			戌
甲祿 寅	丑	癸祿 子	壬祿 亥

祿權科忌排法：
甲廉破曲陽
乙機梁紫陰
丙同機昌廉
丁陰同機巨
戊貪陰右機
己武貪梁曲
庚陽武同相
辛巨陽武昌
壬梁紫府武
癸破巨陰貪

祿存排法：
甲祿在寅
乙祿在卯
丙祿在巳
丁祿在午
戊祿在巳
己祿在午
庚祿在申
辛祿在酉
壬祿在亥
癸祿在子

附註：
祿前擎羊地
祿後陀羅村

第二節 十天干四化諧音記憶法

化祿 化權 化科 化忌

甲廉破曲陽（甲連破七陽）

乙機梁紫陰（乙居涼只陰）

丙同機昌廉（丙同居三年）

丁陰同機巨（丁應同居去）

戊貪陰右機（戊貪因幼飢）

己武貪梁曲（己舞貪兩曲）

庚陽武同相（庚揚武銅像）

辛巨陽武昌（辛拒養五娼）

壬梁紫府武（壬娘子撫吾）

癸破巨陰貪（癸破懼因貪）

本命的天魁、天鉞及流年天魁、天鉞的排法

用年干排之

甲戊庚牛羊（丑未）

乙己鼠猴鄉（子申）

六辛逢馬虎（午寅）

丙丁豬雞位（亥酉）

壬癸兔蛇藏（卯巳）

第三節　本宮無主星須借對宮主星情形如下

一、甲級星一共有二十九顆：

1、十四主星：紫微、天機、太陽、武曲、天同、廉貞、天府、太陰、貪狼、巨門、天相、天梁、七殺、破軍。

2、六吉星：文昌、文曲、左輔、右弼、天魁、天鉞。

3、四煞星：擎羊、陀羅、火星、鈴星。

4、四化星：化祿、化權、化科、化忌。

5、祿存星。

二、

1、當宮內已有甲級星時，則不能再借對宮的星座了。但是甲級星中的左輔、右弼、

天魁、天鉞力量較小，還是要借對宮甲級星的十四主星來論。

2、當宮內只有乙級星及丙級星、丁級星時，須借對宮甲級星中的十四主星來參看，若這些星座底下有化祿、化權、化科、化忌等四化星，也一併要借過來看。

3、若本宮已有文昌、文曲、祿存、擎羊、陀羅、火星、鈴星等甲級星，就不能再借對宮的十四主星了。

第四節　重要的運限七星

祿存、擎羊、陀羅、化祿、化權、化科、化忌等七顆星在運限中扮演的角色是非常重要的，這個就是我常說的被引動。

上面七顆星以我教學生的不成文規定，**大限用紅色筆來表示，小限用藍色筆來表示，太歲（流年）用綠色筆來表示**，就會一目瞭然。

大限祿存用大祿來表示，大限擎羊用大羊來表示，大限陀羅用大陀來表示。

小限祿存用小祿來表示，小限擎羊用小羊來表示，小限陀羅用小陀來表示。

流年祿存用流祿來表示，流年擎羊用流羊來表示，流年陀羅用流陀來表示。

本命的天魁、天鉞及流年天魁、天鉞的排法（用年干排之）

甲戊庚牛羊（丑未）

乙己鼠猴鄉（子申）

六辛逢馬虎（午寅）

丙丁豬雞位（亥酉）

壬癸兔蛇藏（卯巳）

流年天魁、天鉞則以**流魁**及**流鉞**來表示，用**綠色筆**表示。

十年大運解說：

1、大運十年幾乎決定一切，每年流年只管一年之休咎而已。

2、大限十年要靈活應用范老師的大限三口訣，論命才會紮實。

第五節　星座的廟旺利平陷表

（百分之八十依此理論）

廟旺：星曜的亮度達百分之八十以上。

星曜的五行被地支的五行所生者，即為廟旺。

例如：天同屬水，入於申位，申位屬金，金去生天同的水，則天同在申位為廟旺。

利：星曜的亮度介於百分之六十到百分之八十之間。

星曜的五行和地支的五行相同者稱為利。

例如：武曲屬金，入於申位，和申位地支五行相同者稱為利。

平：星曜的亮度介於百分之四十到百分之六十之間。

星曜的五行去生地支的五行（元氣被洩）稱為平位。

例如：天梁屬土，去生申位的金，則天梁在申位為平位。

陷：星曜的亮度在百分之四十以下。

星曜的五行和地支的五行彼此相剋者叫落陷。

例如：天機屬木，入於申位，被地支申位的金所剋，天機在申位就是落陷。

另外天機屬木，入於丑宮，丑宮屬土，天機屬木去剋地支丑宮的土，天機在丑宮也是落陷。

第二章 基本的陰陽五行代表的意義及範例

五行：木、火、土、金、水

五行相生：水生木，木生火，火生土，土生金，金生水。

五行相剋：水剋火，火剋金，金剋木，木剋土，土剋水。

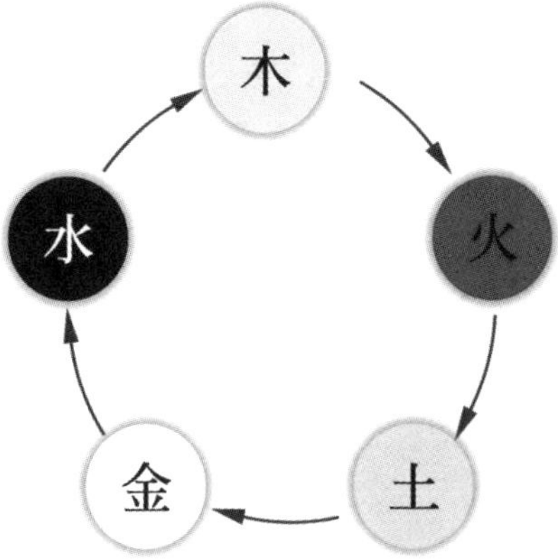

五行相生

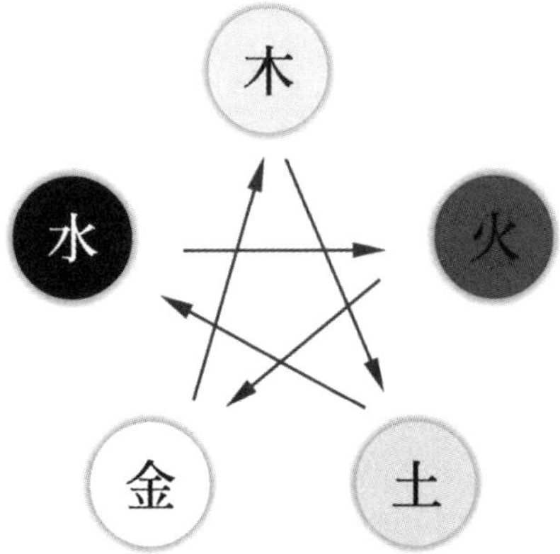

五行相剋

水生木：花草樹木得到水的灌溉，才能生長，欣欣向榮。

木生火：樹木劈成木材，就是取火的材料，同時可助長火勢。

火生土：火燃燒過後，會產生許多灰燼，這些灰燼累積成土。

土生金：土經過長期大自然的風化、侵蝕作用，會在地底產生許多結晶物質，變成許多金屬礦物，採掘之後，經過磨練，即可供人類使用。

金生水：是一種物質氣化的原理，金是冰冷的，只要是溫度夠冷的時候，它自然而然就會產生水滴。就像一個便當蓋放在冷凍櫃裡，一冷就會有水滴。

註：例如以前的基隆叫做雨都，乃因早期基隆的金瓜石一帶地底下蘊藏很多的金礦，各種礦產，所以自然會多雨，現在挖得差不多了，雨就少了。所以金生水就是一種氣化的原理。

木剋土：樹木的根，深入泥土中，可以把泥土分裂成四分五裂，尤其榕樹的根甚至可以穿透堅硬的泥土，叫木剋土。

土剋水：兵來將擋，水來土掩，碰到洪水，只要有砂包或擋土牆就可以把水引走，這就叫土剋水。

水剋火：燃燒中的火，遇到水，立刻被澆熄。

火剋金：金屬器具、金銀珠寶遇到高熱的火，就會被銷毀熔化。

金剋木：花草樹木遇到刀斧砍伐，立刻被摧折。

註：戰國時的鄒衍提倡陰陽五行生剋論，他採用五行相剋的觀點，來解釋歷史的興衰與朝代的更替。所以有五德終始說。

黃帝得土德，夏得木德，殷得金德，周得火德，秦得水德。

所以秦滅周，周滅商，商滅夏，夏滅黃帝。

黃帝【土】——夏【木】——商【金】——周【火】——秦【水】。

※秦是水德，水代表黑色。故秦國軍隊都穿黑色衣服（從大陸很多歷史劇，以及李連杰演的電影，秦國軍隊都穿黑色衣服）。

第一節　五行論

五行包括，木、火、土、金、水，而將此五行再分陰陽。一般學五術的人為了便於推理，分別性質使用，陽性的比較剛強，陰性的比較柔弱；陽性的比較雄健，而陰性的比較和順罷了。

甲木：陽木，指高大的樹木。

乙木：陰木，例如花草、藤蘿之類。

丙火：陽火，指太陽之火、猛烈之火。

丁火：陰火，指燈燭之火、火爐之火、很小的火。

戊土：陽土，指城牆之土、硬土、燥土。故曰戊土固重。

己土：陰土，指田園之土、軟土、濕土。故曰己土卑濕。

五行	木	火	土	金	水
陽	甲	丙	戊	庚	壬
陰	乙	丁	己	辛	癸

庚金：陽金，指頑鐵，要用火去提煉。

辛金：陰金，指珠玉或金箔紙可塑性高的。

壬水：陽水，大海水、大河水、江河之水等。

癸水：陰水：雨露之水、井水、靜止之水。

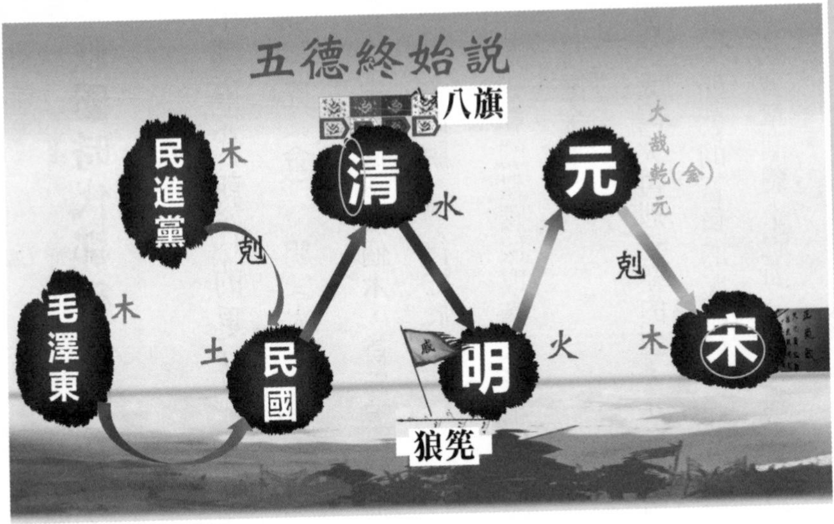
五德終始說
八旗
民進黨
木
清
水
元
大哉乾(金)元
剋
毛澤東
木
剋
土
民國
明
火
宋
木
狼筅

第三節　戰國時代鄒衍陰陽五行生剋論

例如：中國歷代朝代的更替

宋（木）、元（金）、明（火）、清（水）、中華民國（土）。

1、宋朝的宋，底下那個木，首先被金兀朮的金所剋，其次再被元朝的金再剋一次，被剋就會虛脫，最後亡於元。

（註：元朝的建國採取漢人宰相的建議用易經裡面的大哉乾元的元建立國號，乾的五行屬金。）

2、明朝的太陽火再剋元朝的金，元亡於明。日月明代表太陽。

（註：明朝的官員的服飾皆為紅色，例如民族英雄戚繼光或錦衣衛皆為紅色官袍，或者章回體小說海公大紅袍、海公小紅袍，火代表紅色。）

3、清朝的左邊水再剋明朝的火，明亡於清。

（註：清朝官員的服飾皆為黑色，例如我們經常看到清朝康熙、乾隆等連續劇的官員都穿黑色官袍，水代表黑色。）

4、**中華民國的中央土再剋清朝的水**，國父孫中山先生推翻了滿清。而繼承**中華民國的蔣介石的中央土**在國共內戰時為**毛澤東的東方木所剋**而退守台灣。**又再被民進黨的東方木所剋。**

（註：民進黨的旗幟為綠色，綠色代表東方木。）

逸雲閣星相研究所
預約電話：0935630626　（02）85211998
地址：新北市新莊區化成路 489 之 5 號
網址：www. fjm. tw

火 巳	火 午	土 未	金 申
土 辰			金 酉
木 卯	局		土 戌
木 寅	土 丑	水 子	水 亥

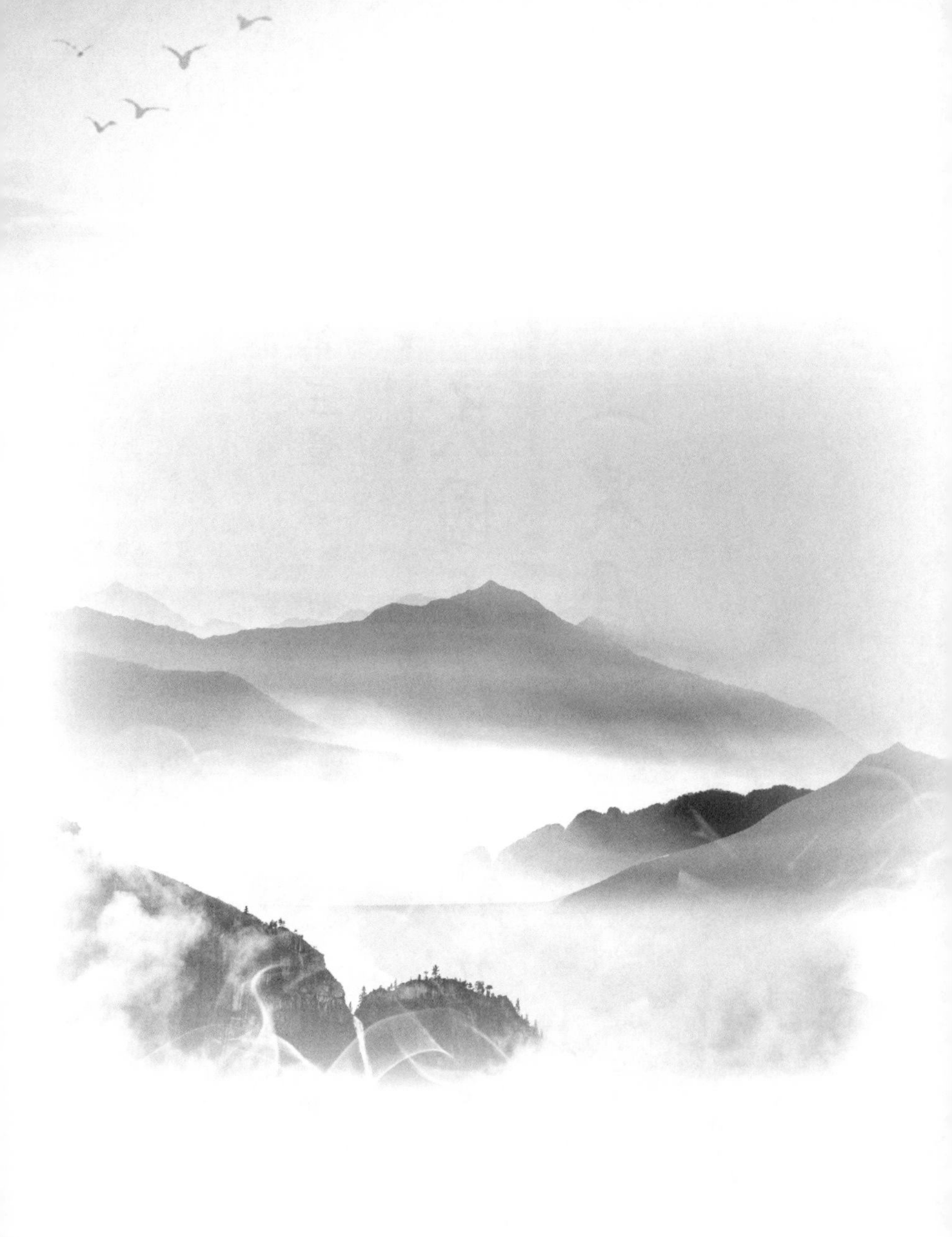

第三章

民國出生年的算法（農曆）

第三章 民國出生年的算法（農曆）

例1：55－2＝3———丙（天干）

55÷12＝4—餘7———午（地支）

故民國55年為丙午年。

例2：91－2＝9———壬（天干）

91÷12＝7—餘7———午（地支）

故民國91年（今年）為壬午年（天支不夠減，10位數變為10）。

例3：39－2＝7———庚（天干）

39÷12＝3—餘3———寅（地支）

故民國39年為庚寅年。

	1	2	3	4	5	6	7	8	9	10	11	12
十天干	甲	乙	丙	丁	戊	己	庚	辛	壬	癸		
二地支	子	丑	寅	卯	辰	巳	午	未	申	酉	戌	亥

例4： 42－2＝0——————癸（天干）

42÷12＝3—餘6——————巳（地支）

故民國42年為癸巳年。

例5： 60－2＝8——————辛（天干）

60÷12＝5—餘0——————亥（地支）

故民國60年為辛亥年。

附註1： 天干減下來為0時，表示其為最後一個天干「癸」。

地支除下來餘數為0時，表示其為最後一個地支「亥」。

附註2： 民國年換算西元年要加 1911。

例如民國43年出生者要加 1911=1954 年。

※民國年個位數逢3必甲（天干十個 地支十二個）西元逢4必甲

逸雲閣星相研究所

預約電話：0909-331395　（02）8521-1998

新北市新莊區化成路489之5號

網址：www.fjm.tw

巳	民國43年 1954 甲 午	未	民國93年 2004 甲 申
民國53年 1964 甲 辰	西元換成民國年減掉1911即可： 例如：西元1954年 減去1911 也就是民國43年		酉
卯			民國83年 1994 甲 戌
民國63年 1974 甲 寅	丑	民國73年 1984 甲 子	亥

第二節 二十四節氣歌

立春　雨水　驚蟄　春分　清明　穀雨　天

正　月　二　月　三　月

立夏　小滿　芒種　夏至　二小暑大暑　連

四　月　五　月　六　月

立秋　處暑　白露　秋分　寒露　霜降　落

七　月　八　月　九　月

立冬　小雪　大雪　冬至　小寒　大寒　年

節　氣　節　氣　節　氣

1、紫微斗數是使用太農曆的算法，雖然和子平八字一樣都使用農曆的生辰來排命盤，但是紫微斗數卻不須像子平八字那樣，以節氣之交接來計算生日。

2、**紫微斗數**是以每年**除夕**做為年度交接點。而**八字**是以**立春**做為年度交接點。紫微沒有講節氣的問題，理論基礎不一樣，不要混為一談。

五虎遁：用年起月柱（由寅位開始）

甲己之年起丙寅

乙庚之年起戊寅

丙辛之年起庚寅

丁壬之年起壬寅

戊癸之年起甲寅

五鼠遁：用日起時柱（由子位開始）

甲己還加甲

乙庚丙做初

丙辛戊子起
丁壬庚子居
戊癸壬子求

第四章

紫微斗數論命前必備的大限三個口訣

第四章

紫微斗數論命前必備的大限三個口訣（包括祿存擎羊陀羅）

1、大限宮干四化化在大限的什麼宮位。

2、大限宮干四化化在本命盤的什麼宮位。

3、本命盤的四化在大限的什麼宮位。

流年三口訣

1、引動什麼宮位。

2、引動有吉凶。

3、將引動的各宮位融入去看。

第一節 流年運勢看法及活盤絕竅

流年著重於引動，所謂引動就是把它的特性引發出來，好壞另當別論，引動的宮位主要是指本命盤的什麼宮位，宮位列示如下：

1、小限
2、太歲
3、斗君
4、流年宮干
5、歲首
6、雙羊
7、雙陀
8、羊陀疊併
9、雙忌

可以表示如下：命遷線，兄僕線，夫官線，子田線，財福線，父疾線。

活盤的絕竅：

※流年三口訣：1、引動 2、引動有吉凶 3、各宮位融入去研判。

※每個人在每一個大限裡，如事業發展順利與否？會不會賺錢？六親位相處情況，身體狀況好壞等等，那十年大限內扮演非常重要的一個指標，切記。

1、太歲和小限怎麼樣融進來。

2、重疊宮位怎麼去看。

3、看重疊宮位要詳細分析事情之因時：

A、小限疊本命的什麼宮位及大限的什麼宮位（小限＋大限＋本命）。

B、太歲只能疊本命的什麼宮位（太歲＋本命）。

4、小限指內在因素，太歲指外在因素。

5、事情的吉凶，大限一定要先具備，每年流年只是把它引發出來而已，好的就是好，壞的就是壞，也有大限沒有出事的宮位，流年引動，事情並不大。

6、小限可以看所有本命、大限、小限及太歲的祿存、擎羊、陀羅、四化（祿、權、科、忌）。

7、太歲只能看本命及大限的祿存、擎羊、陀羅、四化（祿、權、科、忌），另外加上自己當年的四化。

8、小限除了上述第六點都可以用之外，也要把太歲的流魁、流鉞、流昌、流鸞、流年官符、流年白虎拿來給自己小限用。

第二節 一張命盤格局高低如何去定位

1、命宮三方四正的六吉星、四煞星、四化星、空劫會得如何？

2、盤中北斗第一主星紫微的三方四正有沒有會到左輔或右弼？

3、盤中南斗第一主星天府的三方四正有沒有會到祿（祿存或化祿）？

4、盤中的中天主星太陽及太陰是否在旺地？

5、最後每個大運的宮干四化是否化得恰當？

有沒有錢（財）如何看？

祿存和化祿須進入下列宮位才代表錢（財）。大限同論。

1、命宮

2、身宮
3、財帛宮
4、福德宮（來財輕鬆）
5、田宅宮（你的庫位）

第三節　范五點（論命前的驗證）

1、命、身宮個性

2、身宮附在什麼宮位

3、二祿一忌看心態

4、空劫和截空的位置

5、每個大限的二祿（祿存和化祿）、羊、陀、忌在什麼宮位

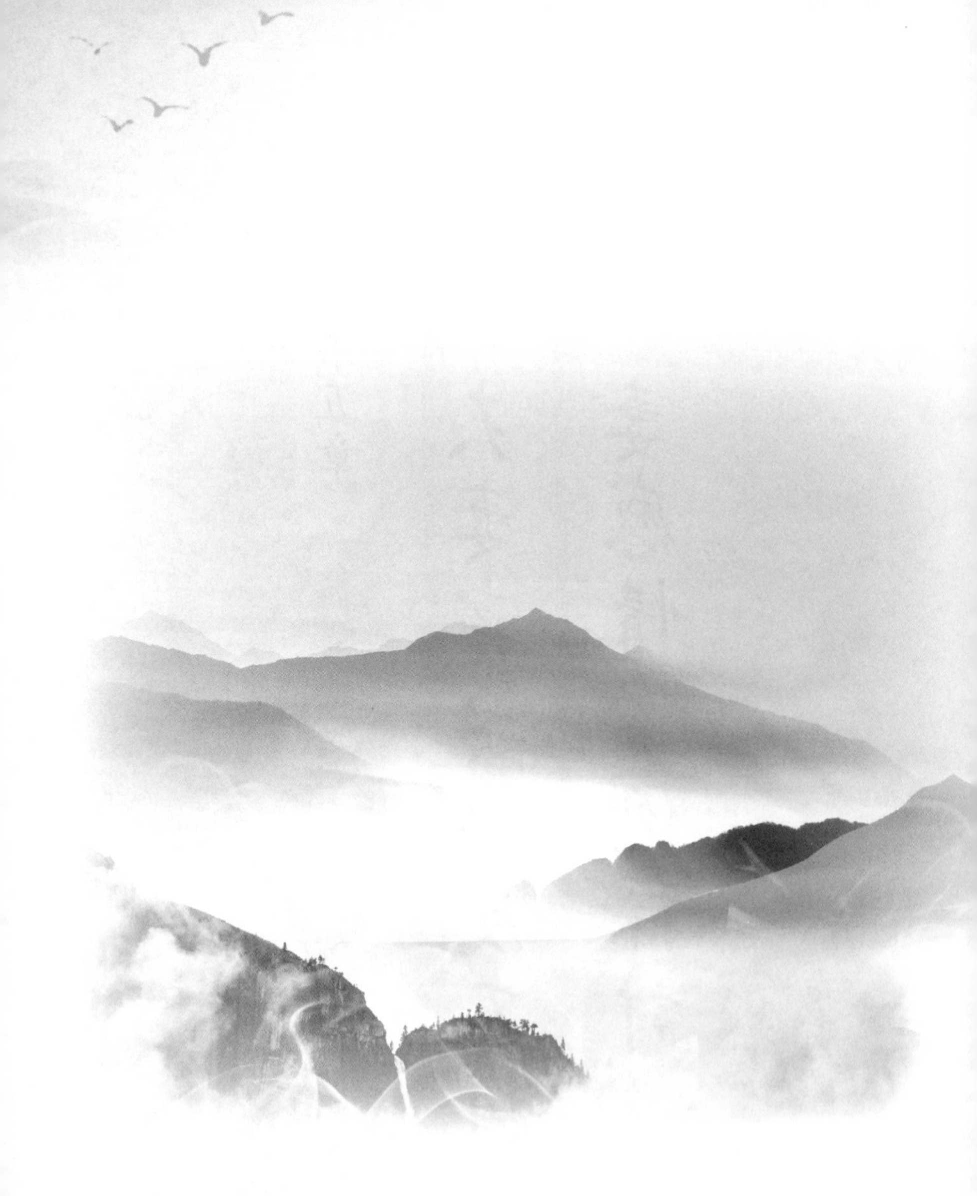

第五章

夫妻宮要點及不利夫妻感情案例探討

1、內在因素：坐命、坐身、坐夫妻宮同論：

A、**陰陽顛倒**：男命太陰，女命太陽，因為本身就佔了配偶的星座，磁場基本上就不利配偶。或者男命夫妻宮有太陽，女命夫妻宮有太陰也算。

B、**機巨**：講話尖酸刻薄，配偶怎麼能受得了，機巨坐命身宮的人，有點類似八字的傷官格，能力強，但講話易傷人。機巨若擺在夫妻宮也同論，跟配偶的對待關係尖酸刻薄，以上機巨的組合同宮或對照同論。

C、**同巨**：天同的心軟，感情困擾，腳踏兩條船，和巨門的疑心病，六親寡合，會記恨，言語易傷人，交織成人生永遠內心深處的痛，不足為外人道也的痛，外人是無法理解的，同巨擺在夫妻宮也同論，以上同巨的組合同宮或對照同論。

D、武曲加煞：武曲已是寡宿星了，武曲星至剛至毅，個性粗線條，又面帶威嚴，不懂情調，不解風情，適度的奉承和打情罵俏在他而言很無聊，再加上個性死要錢，在男女情感上是嚴重的不及格，再加上羊、陀、火、鈴四煞之一，中年後生離死別的機率相當高，看看那個大限被引動，武曲加火、鈴比武曲加羊、陀更嚴重，因火剋金之故。以上組合坐命坐夫妻宮同論。

E、天機或天梁加煞：天機或天梁已主孤了，加四煞之一就構成早刑晚孤了，早年刑剋，晚年孤獨，以上天機或天梁加擎羊最嚴重，坐命坐夫妻宮同論，中年一引動就要兌現了。

1、男命：葬妻再娶

2、女命：葬夫再嫁

2、外來因素：

A、夫妻宮的前後夾宮有雙煞夾或空劫夾為來自鄰宮吵進來，如婆婆吵進來（兄弟宮

是夫妻宮的父母宮）、妯娌吵進來（子女宮是夫妻宮的兄弟宮），都會讓這樁婚姻亮紅燈，此乃外來因素，而這種大部分是生離。

B、**夫妻宮的對宮（官祿宮）有煞、有忌或有祿，官祿宮是夫妻宮的遷移宮有煞忌，**有可能一引動配偶死於意外。官祿宮有祿配偶外向，外遇機率高，都會讓婚姻出現裂痕。

第一節 結婚要件

1、大限結婚要件：

A、大限命宮走本命紅鸞。

B、大限命宮的宮干四化（祿存、化祿、化權）有進入大限夫妻宮。

C、大限命宮的宮干四化（祿存、化祿、化權）有進入本命夫妻宮。

D、本命的祿存、化祿、化權在大限的夫妻宮。

構成以上四個要件之一，該限有姻緣機會，若以上四個要件都不具備，則很難有機會結婚。若以上大限具備結婚要件成立，流年就有好多機會了（凡是大事大限要具備）。

2、流年結婚要件：

A、小限或太歲命宮走到本命紅鸞位。

B、流年紅鸞入本命命宮或身宮。

C、小限或太歲命宮走到本命夫妻宮（叫做引動夫妻宮）就有機會結婚了，然後小限或太歲的夫妻宮又有化祿或化權就更確定要結婚了。

※流年紅鸞（流鸞）的起法：卯上起子年逆數至太歲支，即為當年流鸞位。例如：民國101年（壬辰年），流鸞在亥。又例：民國104年（乙未年），流鸞在申。

感嘆男人
有才華的長得醜，長得帥的掙錢少，
掙錢多的不顧家，顧家的沒出息，
有出息的不浪漫，會浪漫的靠不住，
靠的住的又窩囊。

感嘆女人
漂亮的不下廚房，下廚房的不溫柔，
溫柔的沒主見，有主見的沒女人味，
有女人味的亂花錢，不亂花錢的不時尚，
時尚的不放心，放心的沒法看。
老婆是電視，情人是手機，

在家看電視，出門帶手機，
破產賣電視，發財換手機，
偶爾看電視，整天玩手機，
電視終生不收費，手機欠費就停機。

第三節　結婚是錯誤

結婚是錯誤　離婚是覺悟
生了小孩是失誤　結了又離是執迷不誤
結了很久但是又沒有熱情是廢物
婚前長長久久　婚後能撐多久
婚前浪漫　婚後散漫
婚前決定吃飯地點　婚後吃飯自己打點
婚前想同居　婚後想分居

在教學的過程中，為數不少的學員面臨事業、財務、婚姻的困擾，我們和助教都一一幫他們去解決，就以婚姻的問題來說：有人說經營夫妻也和經營事業一樣，經營事業難免碰到資金的問題、員工離職的問題、被客戶退貨的問題、股東之間合作的問題。

經營夫妻又何嘗不一樣?夫妻間個性的問題、夫妻間財務的問題、孩子教育的問題、

婆媳的問題。

所以大家有沒有感覺經營夫妻和經營事業，是要用心的！都是需要雙方密切合作，相互體諒，各退一步，那麼這個家庭肯定是幸福美滿。

最後套句香港富商李嘉誠的名言大家共勉之！

「再憤怒也不要大吼大叫，保持冷靜。」

「可以不認同，但要學會尊重。」

「即使輸掉一切，也不要輸掉微笑。」

紫微斗數星盤

網址：www.fjm.tw

<table>
<tr>
<td>巨　陀文
門　羅昌
身宮
天
虛
【夫妻】官絕歲大
【己巳】府　驛耗
105～114 小限 9</td>
<td>廉天祿
貞相存
天三解陰地
才台神煞空
【兄弟】博胎息龍
【庚午】士　神德
115～124 小限 8</td>
<td>天　擎
梁　羊
科
天天封
哭刑誥
【命宮】力養華白
【辛未】士　蓋虎
5～14 小限 7</td>
<td>七　天
殺　鉞
八恩
座光
【父母】青長劫天
【壬申】龍生煞德
15～24 小限 6</td>
</tr>
<tr>
<td>貪
狼
權
紅天地旬
鸞壽劫空
【子女】伏墓攀小
【戊辰】兵　鞍耗
95～104 小限 10</td>
<td colspan="2" rowspan="2">姓名:　性別:女
國曆:48年12月4日巳時　農曆:48年11月5日巳時
編號:402
五行：土五局　性屬：陰女　生肖：豬
命主：武曲　身主：天機
范振木 老師　製作
電話:(02)8521-1998
手機:0909-331395</td>
<td>天　文
同　曲
　　忌
天破截
官碎空
【福德】小沐災弔
【癸酉】耗浴煞客
25～34 小限 5</td>
</tr>
<tr>
<td>太　鈴
陰　星
龍
池
【財帛】大死將官
【丁卯】耗　星符
85～94 小限 11</td>
<td>武
曲
祿
天寡天
喜宿月
【田宅】將冠天病
【甲戌】軍帶煞符
35～44 小限 4</td>
</tr>
<tr>
<td>紫天左火
微府輔星
天天孤天天
使福辰馬巫
【疾厄】病病亡貫
【丙寅】符　神索
75～84 小限 12</td>
<td>天
機
蜚
廉
【遷移】喜衰地喪
【丁丑】神　煞門
65～74 小限 1</td>
<td>破　天右
軍　魁弼
天天
傷貴
【僕役】飛帝咸晦
【丙子】廉旺池氣
55～64 小限 2</td>
<td>太
陽
鳳天台
閣姚輔
【官祿】奏臨指歲
【乙亥】書官背建
45～54 小限 3</td>
</tr>
</table>

劫財	日元	正財	正印	主星
辛巳	庚申	乙亥	己亥	八字
戊庚丙	戊壬庚	甲壬	甲壬	藏
偏比七 印肩殺	偏食比 印神肩	偏食 財神	偏食 財神	副星
長生	臨官	病	病	運
學劫 堂煞	祿神	天文血亡 德昌刃神 貴人	文血亡 昌刃神	地支神煞

72	62	52	42	32	22	12	2	
癸未	壬午	辛巳	庚辰	己卯	戊寅	丁丑	丙子	大運

※民國99年（庚寅年）農曆8月3日發生什麼大事？所謂大事，大限一定要具備。

天梁擎羊未宮坐命刑剋案例解說

生辰：女命 農曆48年11月5日巳時（西元1959年）

事件：民國99年（庚寅年）農曆8月3日老公騎機車被撞，昏迷指數1、2。兩星期後宣告不治。

命格：

1、天機或天梁主孤加四煞之一就構成早刑晚孤了，早年刑剋，晚年孤獨，坐命、坐身百分之八十向外刑剋六親。看哪個宮位組合煞忌越多就可能兌現那個宮位。

2、天機或天梁加擎羊更嚴重，坐命、坐身、坐夫妻叫做

男命：葬妻再娶。

女命：葬夫再嫁。

3、七殺加煞反而百分之八十向內刑剋自己。

4、這張命例天梁加擎羊，身宮巨門加陀羅，刑剋極重。天梁加擎羊向外刑剋六親，而六親中又以夫妻宮雙暗交馳，巨門屬水在巳位又嚴重落陷還加煞外帶空劫夾夫

妻，夫妻宮首當其中。

5、本命具備之後，再看大限，一個步驟一個步驟，循序漸進。

第五大限（乙亥大限）：（45－54歲）

乙亥大限時走太陽，不利當家，不利老公，大限三方四正會哭虛必有傷心事。

此時大限夫官線雙忌交馳，煞忌交馳，我常說一條線雙忌交馳，煞忌交馳，一定論破。大限官祿宮化忌，本宮代表是非，本人事業一定不順論之。但是對宮代表欠缺，大限官祿化忌欠夫妻，而大限夫妻宮又有文曲化忌還加截空。截空空宮位，欠過來這邊又逢空，沒老公了。

而且大限夫妻宮反看法，也可以看得出來，妳大限的田宅宮，就是妳大限夫妻宮的疾厄宮，紫府加火陀雙煞，老公身體有問題。妳大限官祿宮就是夫妻宮的遷移，羊陀夾煞忌，配偶會有意外了。

所以此一大限構成大限夫妻宮不好（雙忌，煞忌交馳加截空），本命夫妻宮不好（巨

陀空劫夾）內外皆凶。大限夫妻不好具備之後，再找流年，一層一層剝，不就得了嗎？

民國99年（庚寅年）引動宮位：

1、**子田線**（小限）
2、**父疾線**（太歲）
3、**財福線**（斗君）
4、**兄僕線**（庚）流年宮干
5、**子田線**（戊）流年歲首
6、**財福線**（雙羊）
7、**命遷線**（雙陀）
8、**命遷線**（羊陀疊併）

第一、從以上的流年引動宮位來看，尤其是小限、太歲、斗君這三大天王所引動的宮位，更能立即知道發生了什麼事？還是以我們的流年三口訣來研判流年所發生的事：

第一引動什麼宮位，第二引動有吉凶，第三如何將引動的各個宮位加以融入來

看，馬上就可以知道流年會發生什麼事？但是這個談何容易，除了理論基礎外，論命的經驗是非常重要的，沒有經驗你不敢斷。

第二、**52歲斗君**走到本命福德宮和大限夫妻宮重疊，流年庚寅的流羊進入，對宮有52歲小限的小羊進入，構成雙羊對沖（流羊和小羊是最凶的），這條線又有本命的文曲化忌，對宮又有大限的太陰化忌，又構成雙忌交馳，這條線不是很凶險嗎？

第三、卯位太陰化忌加鈴星加小羊，構成羊陀夾煞忌，是大限夫妻宮的遷移宮，也是當年流年斗君的遷移宮，在在都顯示當年配偶的車關意外明顯。

第四、當年52歲太歲引動本命疾厄宮，用夫妻宮反看法，這也是配偶大限的疾厄宮，走到大限陀羅，配偶身體是不是要遭傷。

第五、以流月來看，由於老公是騎機車被撞死亡，被撞要以太歲的流月來看，太歲流月（用五虎遁：乙庚之年起戊寅）戊寅月是太歲的1月，數到酉位是大限夫妻宮，宮干是乙酉月（太歲8月）乙機梁紫陰，流月再化一個忌入流月遷移宮（太陰化忌），故此月老公被撞死亡。

結論：本命天機或天梁加擎羊坐命、坐身、坐夫妻的命例刑剋配偶的命例，已看過非常多，好像自然有此命格，自然會娶或嫁到一個短命的配偶。什麼時候兌現？大限夫妻宮再被引動時就兌現了。（想要詳細瞭解本案例怎麼看？歡迎購買范老師的紫微斗數 USB 錄影教材來看）

註：流月、流日、流時只有四化沒有祿存、擎羊、陀羅。

紫微斗數星盤

網址：http://www.fjm.tw

<table>
<tr>
<td>武破
曲軍

天台
貴輔
【田宅】伏臨歲弔
【辛巳】兵官驛客
95～104 小限 5</td>
<td>太
陽

截三解
空台神
【官祿】大冠息病
【壬午】耗帶神符
85～94 小限 6</td>
<td>天
府

天天
傷壽
【僕役】病沐華歲
【癸未】符浴蓋建
75～84 小限 7</td>
<td>天太天火
機陰鉞星
祿忌
天紅孤八天
福鸞辰座刑
【遷移】喜長劫晦
【甲申】神生煞氣
65～74 小限 8</td>
</tr>
<tr>
<td>天 擎
同 羊

天寡陰旬
官宿煞空
【福德】官帝攀天
【庚辰】府旺鞍德
105～114 小限 4</td>
<td colspan="2" rowspan="2">姓名:陀羅寅位命例 性別:男
國曆:45年2月9日亥時 農曆:44年12月28日亥時
<table>
<tr><td>傷官</td><td>日元</td><td>偏財</td><td>比肩</td><td>主星</td></tr>
<tr><td>己亥</td><td>丙午</td><td>庚寅</td><td>丙申</td><td>八字</td></tr>
<tr><td>甲壬</td><td>己丁</td><td>戊丙甲</td><td>戊壬庚</td><td>藏</td></tr>
<tr><td>偏七印殺</td><td>傷劫官財</td><td>食比偏神肩印</td><td>食七偏神殺財</td><td>副星</td></tr>
<tr><td>絕</td><td>帝旺</td><td>長生</td><td>病</td><td>運</td></tr>
<tr><td>勾絞
天乙貴人
劫煞</td><td>天狗
災煞
月德貴人
羊刃
將星
六秀日
孤鸞</td><td>歲破
血刃
學堂
紅鸞</td><td>月德貴人
月破
文昌
驛馬
隔角
孤辰</td><td>地支神煞</td></tr>
</table>
<table>
<tr><td>79</td><td>69</td><td>59</td><td>49</td><td>39</td><td>29</td><td>19</td><td>9</td><td rowspan="2">大運</td></tr>
<tr><td>戊戌</td><td>丁酉</td><td>丙申</td><td>乙未</td><td>甲午</td><td>癸巳</td><td>壬辰</td><td>辛卯</td></tr>
</table>
編號:307
生肖：羊
性屬：陰男
五行：土五局
身主：天相
命主：祿存
范振木 老師 製作 電話:(02)8521-1998 手機:0909-331395</td>
<td>紫貪鈴
微狼星
科
天天
使才
【疾厄】飛養災喪
【乙酉】廉 煞門
55～64 小限 9</td>
</tr>
<tr>
<td>祿左文
存輔曲

鳳蜚
閣廉
【父母】博衰將白
【己卯】士 星虎
115～124 小限 3</td>
<td>巨
門

地
劫
【財帛】奏胎天貫
【丙戌】書 煞索
45～54 小限 10</td>
</tr>
<tr>
<td>陀
羅

天天
喜月
【命宮】力病亡龍
【戊寅】士 神德
5～14 小限 2</td>
<td>廉七
貞殺

天破恩封
虛碎光誥
【兄弟】青死地大
【己丑】龍 煞耗
15～24 小限 1</td>
<td>天 天
梁 魁
權
身宮
天地
姚空
【夫妻】小墓咸小
【戊子】耗 池耗
25～34 小限 12</td>
<td>天 右文
相 弼昌

天龍天天
哭池馬巫
【子女】將絕指官
【丁亥】軍 背符
35～44 小限 11</td>
</tr>
</table>

陀羅寅位命例解說

生辰：男命 農曆44年12月28日亥時（西元 1955 年）

命格：

1、梁魁駝命坐陀羅星，陀羅坐命有一股牛脾氣，喜歡打球，筋骨四肢易扭傷。也比較會生瘡、長瘤。煞星單守刑剋極重（他很喜歡打排球）。

2、遷移宮天機化祿，祿在遠方，適合出去打拼，個性也比較愛趴趴走，但因遷移宮有化忌加火星，易與人衝突，以及意外頻率高。化忌又欠回命宮，在外又待不了多久，心態上很矛盾。

3、身宮天梁很有老人緣、長輩緣，愛聊天、愛睡覺，化權也主個性較堅持己見。天魁是日貴人個性非常熱心。身宮附著在夫妻宮表示重視配偶，但因化權主妻管嚴。

4、祿存入父母宮，對父母好，非常孝順。

5、太陽逢截空，事業主逢空在官祿，行業較不穩定，一生變換事業頻率較高。

6、空劫夾子女宮視為弱宮，和子女無緣，有聚少離多的現象或者沒小孩都有可能（結果是太太不會生）。

7、天同福星在福德宮被擎羊沖破，閒不下來之命，且有大事時不易入睡。

第一大限（戊寅大限）：5－14歲

疾厄宮貪狼化祿，小時候有一段時間會有發胖的現象。遷移宮天機化忌去引動加太陰化忌，要有意外，但是疾厄宮沒煞去引動比較沒關係。

第二大限（己丑大限）：15－24歲

官祿宮武曲化祿去引動和本命田宅宮重疊為讀書而搬家，財宮貪狼化權去引動了，開始工作了（國中畢業後考上五年制師專，畢業後馬上分發工作）。

第三大限（戊子大限）：25－34歲

大限命宮天梁化權，大限遷移大羊進入，有過意外。財宮化雙忌，這個大限很欠錢（大

限命宮天梁賭博星在化權，玩股票輸了一屁股）。

第四大限（丁亥大限）：35－44歲

兄弟宮巨門化忌，對宮又有擎羊來沖，煞忌交馳和財福線重疊，和兄弟朋友有過財務的糾紛（弟弟也得了腦瘤）。

第五大限（丙戌大限）：45－54歲

官祿宮陀羅單守，對宮化忌欠過來，此外本命官祿宮大羊進入，事業不順，財宮大羊進入欠錢，遷移宮羊陀疊併，此一大限不順，大限夫妻宮祿權忌煞交馳叫做是非糾纏，老婆要離婚，離婚後沒辦法只好在網路交女朋友，命坐陀羅星刑剋極重，無妻無子。

第六大限（乙酉大限）：55－64歲

走紫微貪狼鈴星，鈴貪格，紫微化雙科，名氣上揚，請把握。這個大限本命及大限疾厄宮皆有羊陀進入，注意血光，身體保健。本命命宮陀羅，疾厄宮又有鈴星，體質上注意惡性腫瘤，須定時去做體檢，能保個癌症險更好，對家人和自己也是一個保障，這個大限

的遷移宮和本命的遷移宮都引動一定會出外發展（他說大陸台商學校要聘請他去教書）。

（想要詳細瞭解本案例怎麼看？歡迎購買范老師的紫微斗數 USB 錄影教材來看）

紫 微 斗 數 星 盤

網址：www.fjm.tw

廉貪陀 貞狼羅 權 天天天封 虛姚巫誥 【福德】官臨歲大 【己巳】府官驛耗 26～35 小限 9	巨 祿右 門 存弼 八陰恩天 座煞光貴 【田宅】博帝息龍 【庚午】士旺神德 36～45 小限 8	天 擎文文 相 羊昌曲 忌 天天 哭月 【官祿】力衰華白 【辛未】士 蓋虎 46～55 小限 7	天天 天左 同梁 鉞輔 科 天天三天地 傷壽台馬空 【僕役】青病劫天 【壬申】龍 煞德 56～65 小限 6
太 陰 紅旬 鸞空 【父母】伏冠攀小 【戊辰】兵帶鞍耗 16～25 小限 10	姓名: 性別:女 國曆:48年6月30日卯時 農曆:48年5月25日卯時 編號:300 五行：火六局 性屬：陰女 生肖：豬 命主：文曲 身主：天機		武七 曲殺 祿 身宮 天破截台 官碎空輔 【遷移】小死災弔 【癸酉】耗 煞客 66～75 小限 5
天 府 龍 池 【命宮】大沐將官 【丁卯】耗浴星符 6～15 小限 11	范振木 老師 製作 電話:(02)8521-1998 手機:0909-331395		太 陽 天天寡 使喜宿 【疾厄】將墓天病 【甲戌】軍 煞符 76～85 小限 4
天孤天地 福辰才劫 【兄弟】病長亡貫 【丙寅】符生神索 116～125 小限 12	紫破 鈴 微軍 星 蜚天 廉刑 【夫妻】喜養地喪 【丁丑】神 煞門 106～115 小限 1	天 天火 機 魁星 解 神 【子女】飛胎咸晦 【丙子】廉 池氣 96～105 小限 2	鳳 閣 【財帛】奏絕指歲 【乙亥】書 背建 86～95 小限 3

主星	食神	日元	正印	七殺
八字	乙卯	癸未	庚午	己亥
藏	乙	乙丁己	己丁	甲壬
副星	食神	食偏七神財殺	七偏殺財	傷劫官財
運	長生	墓	絕	帝旺
地支神煞	天文學血乙昌堂刃貴人 將血星刃	飛華刃蓋		天流德霞貴人

大運	73	63	53	43	33	23	13	3
	戊寅	丁丑	丙子	乙亥	甲戌	癸酉	壬申	辛未

※庚午大限發生了什麼大事？民國93年發生了什麼大事？（還在庚午大限，還未過宮）

天府卯位命例解說

生辰：女命 農曆48年5月25日卯時（西元1959年）

事件：第四大限引動了本命夫官線煞忌交馳，夫官一條線都出了大事。

命格：

1、伍莎輔天府卯位坐命因為受到對宮武殺的影響，容易有雙重個性，個性忽冷忽熱，既有天府庫星的守穩，又要講求武曲的義氣和七殺的勤快和衝勁，因而產生了財務衝突，反而比較不會那麼勢利眼。

2、身宮附著在遷移宮，個性愛趴趴走，更何況武曲化祿在此，叫做祿在遠方，勢必是遠離出生地向外發展之命，但是宮位逢截空降低了在外的好處，沒有想像中那麼好，這種武殺的組合在身宮或命宮，被煞或忌引動很容易「因財持刀」，在遷移宮被煞或忌去引動很容易在外「因財被劫」。

父母宮：

太陰坐守，對長上有孝心，未必順從，父母宮會魁鉞，父親為公務員，標準的機月同

梁格會魁鉞叫公家格，合乎命理。

夫妻宮：

紫微坐守，紫微是北斗第一主星，而妳是天府南斗第一主星坐命兩人都很強勢，叫做誰怕誰啊？加上破軍這個破面將軍坐守，而鈴星又來湊熱鬧，這不只是生悶氣而已，兩人經常對打，對宮又有煞忌沖過來，這種婚姻百分之九十是以離婚收場，夫官一線煞忌交馳，一定論破。

官祿宮：

天相、擎羊、文昌、文曲化忌，煞忌交馳，這輩子事業極不穩定，是非挫折多。

福德宮：

貪狼化權加陀羅，著重於物慾、口福但欠缺精神享受，女命若待其事業稍成之後，容易頓覺人生空虛寂寞與無奈。

兄弟宮及僕役宮：

空劫對照視為弱宮，除了兄弟及僕役無助之外，還會給妳出亂子。

第四大限（庚午大限）：36－45歲

走庚午大限，大限祿存逢地空叫做祿空，是非常不好的現象，而大限的擎羊入大限的田宅宮叫做庫破，也入本命遷移宮武殺加擎羊在遷移宮叫做**「因財被劫」**。

原來這個大限兄僕線廉貪加煞坐守，交上了損友，到星期五餐廳（牛郎店）消費，被坑了很多錢，太陰加紅鸞坐守在大限的夫妻宮叫做愛上年輕斯文的帥哥（也可以說小狼犬或小鮮肉）。

以致造成本命夫官線天相化忌加大限陀羅也進入本命官祿事業破敗，對沖本命夫妻宮，夫妻離異。老公除了賣掉一棟房子之外，加上一筆現金給她償債，她老公才得以拿到離婚證書帶著小孩遠走高飛，這是多麼的不值得啊！大限父母宮煞忌進入，父親去世。大限父疾線又和本命夫官線重疊，本人也吃上官司。

所以這個大限田宅宮破了，財福線破了，本命夫官線破了，大限父疾線破了，只有命宮沒破得以存活。

民國93年（甲申年）46歲小限引動了父疾線走戊辰，46歲太歲引動兄僕線走甲申，和大限財福線重疊空劫對照，必有一劫難，46歲斗君走到大限天相化忌位及大陀位，造成失業、離婚等悲劇發生。

大限正在交接要進入下個大限，兩種星性完全不一樣，不易適應，生日前後百日很容易出事，又再度證明斗數無誤。（想要詳細瞭解本案例怎麼看？歡迎購買范老師的紫微斗數 USB 錄影教材來看）

紫微斗數星盤

網址：http://www.fjm.tw

太 天 陽 鉞 孤封旬 辰誥空 【兄弟】飛臨亡貫 【乙巳】廉官神索 12～21 小限 12	破 鈴 軍 星 天龍 福池 【命宮】奏冠將官 【丙午】書帶星符 2～11 小限 11	天 文文 機 昌曲 天天 喜月 【父母】將沐攀小 【丁未】軍浴鞍耗 112～121 小限 10	紫天 微府 權科 天鳳天天恩天地 虛閣才姚光貴空 【福德】小長歲大 【戊申】耗生驛耗 102～111 小限 9
武 火 曲 星 忌 天天 哭刑 【夫妻】喜帝地喪 【甲辰】神旺煞門 22～31 小限 1	（命盤資料，見下）		太 陰 破台 碎輔 【田宅】青養息龍 【己酉】龍 神德 92～101 小限 8
天 天右 同 魁弼 截 空 【子女】病衰咸晦 【癸卯】符 池氣 32～41 小限 2			貪 陀 狼 羅 天蜚 官廉 【官祿】力胎華白 【庚戌】士 蓋虎 82～91 小限 7
七 殺 天解地 壽神劫 【財帛】大病指歲 【壬寅】耗 背建 42～51 小限 3	天 梁 祿 天紅寡三八 使鸞宿台座 【疾厄】伏死天病 【癸丑】兵 煞符 52～61 小限 4	廉天擎 貞相羊 身宮 陰 煞 【遷移】官墓災弔 【壬子】府 煞客 62～71 小限 5	巨 祿左 門 存輔 天天天 傷馬巫 【僕役】博絕劫天 【辛亥】士 煞德 72～81 小限 6

姓名:破鈴午宮命例　性別:女

國曆:51年9月13日卯時　農曆:51年8月15日卯時

編號:196

傷官	日元	正財	偏印	主星
丁卯	甲寅	己酉	壬寅	八字
乙	戊丙甲	辛	戊丙甲	藏
劫財	偏食比 財神肩	正官	偏食比 財神肩	副星
帝旺	臨官	胎	臨官	運
桃花 月破 羊刃 桃花 外桃花	伏吟 天德貴人 祿神 福星貴 孤鸞	龍德 六厄 飛刃 流霞	天德貴人 祿神	地支神煞

72	62	52	42	32	22	12	2	大運
辛丑	壬寅	癸卯	甲辰	乙巳	丙午	丁未	戊申	

五行：水二局　性屬：陽女　生肖：虎

命主：破軍　身主：天梁

范振木 老師　製作　電話:(02)8521-1998　手機:0909-331395

破軍鈴星午宮命例解說

生辰：女命 農曆51年8月15日卯時（西元1962年）

1、林蓮珍破軍午宮坐命，殺、破、狼的格局，三方四正會三煞，人生的起伏必更大，但是你也不要全盤去否定她其他的宮位，至少田宅宮太陰酉位旺地坐守會到魁鉞，天梁化祿，無煞來沖，出生環境還不錯，且將來有遺產可得，而且父母宮天機加昌曲，左右來拱，會雙祿及魁星，父母格調、地位也還不錯。

2、自己命宮破軍加鈴星，破軍專依羊鈴為虐，這種脾氣也是倔強得不得了。身宮又是廉貞天相加擎羊的組合，光看那個擎羊就知道她一定是個悍婦。身宮既然和遷移宮同宮，一定是趴趴走，在家待不住。之前提過破軍好動不適合文職，更加強她人生的波動性。遷移宮廉貞是五鬼星加陰煞在外會常碰到靈異之事，加擎羊，這種死在外面的機率非常高。比較不會壽終正寢。命、身宮有破軍、天相坐守，個性雞婆得不得了，當她的朋友很好。

3、無獨有偶，祿存入僕役宮，對朋友好，之前有提過，一張命盤攤下來看他的二祿

一忌在那裡，他的心態你就知道，祿存入僕役對朋友好，化祿入疾厄對自己身體很孝敬，一直吃所以吃得胖嘟嘟的。

4、最後的一忌，不幸跑到夫妻宮，忌已經是是非叢生了，更何況是武曲火星的組合，她還是可以結婚，問題是結了之後將來的結果會如何？一定生離死別，大限夫妻宮有祿存、化祿、化權或大限命宮四化有祿存、化祿、化權化到本命夫妻宮也可以結婚。

5、但是這種命盤本命夫妻宮的架構是如此的差，大限的夫妻宮會禁不起任何的煞忌，生離死別就在等著她了。夫妻宮三方又會三煞，天哭、天刑又來湊熱鬧。即使剛學紫微斗數也看得懂，魁鉞夾夫妻宮只是減輕一點而已。

6、破軍坐命奉行二十五孝，子女宮天魁坐守，三方吉星雲集，子女有出息，截空主緣份淡薄，孩子早年奶媽帶，長大住校或出國讀書，總之不會常在身邊就對了。

第五大限（壬寅大限）：42－51歲

1、壬寅大限，之前提過本命是壬寅年，大限又在走相同壬的宮干時，一定有一個宮位有雙羊或雙忌，不太好玩。

2、大限走空劫，如浪裡行舟，會有事，再看此一大限煞星擎羊、陀羅及忌星動到大限及本命什麼宮位，是不是本命命遷線及夫官線。

3、首先最明顯的是大限夫妻宮廉相加雙羊，夫妻經常對打，驚動鄰居，命身有雙煞，怎麼可能白白被揍，這叫「互毆」。再看本命夫妻宮武曲化雙忌，是不是也被引動了，和大限財福線重疊，是不是為財起爭執，貧賤夫妻百事哀。這個大限的夫官線不好，本命夫官線也不好，生意做得很不好，很欠錢。

4、大限走壬寅，暗合位有巨門加雙祿，除了代表對子女好之外，也代表有暗祿，大限夫妻宮廉相加雙羊和本命遷移宮重疊，配偶意外死亡的機率高，而將領到保險金。本命天梁化雙祿，天梁乃保險之財也。

5、但是她本人的意外機率也高，也具備倒限之要件，首先看大限走空劫對照，主意外，大限福德宮武曲化雙忌加火星已破了，大限會三煞。此外大限斗君庚戌，庚

陽武同相，天相化忌入本命遷移宮，構成大斗沖命。

6、夫妻兩人是開一家小的紡織布料店，經常一起出去送貨，高速公路都是時速120到140，經過我苦口婆心勸導降為110，破軍坐命喜刺激沒有開到140心情會不爽。

7、大限命遷線具備再查流年走命遷即是兌現之時。民國97年（戊子年）47歲小限走丙午，太歲走戊子引動本命命遷線四羊加煞忌。民國99年（庚寅年）49歲小限走甲辰引動夫官線，49歲太歲走庚寅引動財富線，學命理就是要如何趨吉避凶。

紫 微 斗 數 星 盤

網址：http://www.fjm.tw

天 祿文 機 存昌 忌 天天 姚巫 【官祿】博長劫天 【丁巳】士生煞德	紫 擎右 微 羊弼 科 天三陰天地 傷台煞貴空 【僕役】官養災弔 【戊午】府 煞客	天火 鉞星 紅寡天天封 鸞宿壽月誥 【遷移】伏胎天病 【己未】兵 煞符	破 左 軍 輔 天八天 使座馬 【疾厄】大絕指歲 【庚申】耗 背建
84～93 小限 6	74～83 小限 5	64～73 小限 4	54～63 小限 3
七 陀 殺 羅 蜚地 廉劫 【田宅】力沐華白 【丙辰】士浴蓋虎	(見中宮)		文 曲 破天 碎才 【財帛】病墓咸晦 【辛酉】符 池氣
94～103 小限 7			44～53 小限 2
太天鈴 陽梁星 天天旬 官福空 【福德】青冠息龍 【乙卯】龍帶神德			廉天 貞府 天截 哭空 【子女】喜死地喪 【壬戌】神 煞門
104～113 小限 8			34～43 小限 1
武天 曲相 天鳳恩 虛閣光 【父母】小臨歲大 【甲寅】耗官驛耗	天巨天 同門魁 天天 喜刑 【命宮】將帝攀小 【乙丑】軍旺鞍耗	貪 狼 祿 龍解 池神 【兄弟】奏衰將官 【甲子】書 星符	太 陰 權 身宮 孤台 辰輔 【夫妻】飛病亡貫 【癸亥】廉 神索
114～123 小限 9	4～13 小限 10	14～23 小限 11	24～33 小限 12

中宮：

姓名:同巨天魁丑宮 性別:女

國曆:57年6月18日巳時 農曆:57年5月23日巳時

編號:299

五行：金四局 性屬：陽女 生肖：猴

命主：巨門 身主：天梁

比肩	日元	劫財	劫財	主星
己巳	己未	戊午	戊申	八字
戊庚丙	乙丁己	己丁	戊壬庚	藏
劫傷正 財官印	七偏比 殺印肩	比偏 肩印	劫正傷 財財官	副星
帝旺	冠帶	臨官	沐浴	運
福德 劫煞 驛馬	紅鸞 羊刃 華蓋 六秀日 福星貴	天狗 災煞 祿神 流霞	天乙貴人 金輿 沐浴 劫煞 孤辰	地支神煞

75	65	55	45	35	25	15	5	
庚戌	辛亥	壬子	癸丑	甲寅	乙卯	丙辰	丁巳	大運

范振木 老師 製作 電話:(02)8521-1998 手機:0909-331395

天同巨門天魁丑宮命例解說

生辰：女命 農曆57年5月23日巳時（西元1968年）

1、童句英同巨坐命不利婚姻的組合，而夫官一線又權忌交馳，第一次婚姻一定都會有問題。

2、天魁星坐命個性熱心雞婆。

3、同巨坐命，天同屬水，比較感性，天同的心軟無法去克制巨門的暗和是非，非常的不利婚姻，同巨的女命百分之九十都長得很好看，兩星皆屬水之故，天同會昌曲，又鸞喜對照，又會到官祿宮的天姚非常有異性緣，和婚姻的好壞是兩碼子事。

4、官祿宮構成羊陀夾忌，且又空劫夾，事業比較不穩定，一生更換行業機率高，宜從事帶有是非的文教服務業。

5、二祿一忌看心態，祿存入官祿重事業，化祿入兄弟宮，對兄弟好，且兄弟宮有化祿，應該有不同血緣的手足或收養的兄弟，或長輩的婚姻有多出來或認義父母之

象（因兄弟宮為父母的夫妻位）。一忌指官祿行業不順及變換頻率高。

6、身宮附著在夫妻宮，重視配偶的存在，但自己同巨坐命，夫妻宮又構成陰陽顛倒，不利婚姻。非常矛盾。

7、太陰坐身宮，個性孝順顧家，懂享受，有錢時，對購買房地產有興趣。

8、福德宮有鈴星，重大事情發生時易煩惱，不易入睡。

9、子位貪狼化祿，下陰部應該有痔的現象（紫貪子午位）。

10、從子位，子女宮及疾厄宮來看，天賦異稟，不虛此生了。

11、第二大限（乙丑大限）：14－23歲

1、自己走貪狼化祿，夫妻宮廉貞化祿，感情稍嫌複雜。

2、此一大限住所有異動。

3、氣喘很嚴重差一點死掉。

12、第四大限（壬戌大限）：34－43歲

1、職業變動大，因官祿宮武曲化忌，工作也不順利，開餐廳也倒閉了。

2、民國91年（壬午年）離婚了。

13、第五大限（辛酉大限）：44－53歲

1、大限祿存進入大限命宮，大限官祿宮巨門化祿和本命命宮同宮，大限田宅宮貪狼化祿，符合我們所說的二祿須入命宮、身宮、福德宮、財帛宮、田宅宮，所以這個大限有成就，宜從事文教業、服務業，帶有口才是非之行業比較適合。

2、但是這個大限財宮雙忌和本命官祿重疊投資千萬要小心。

第六章

官祿宮要點及各式各樣行業分析探討研究

第六章 官祿宮要點及各式各樣行業分析探討研究

聖人之大寶曰位，一個人最重要的是如何給自己定位？

一個人會接觸到什麼行業或適合做什麼行業？

應該先找命宮三方四正有化祿星座的行業才賺錢，才適合他去做。其次才看命宮星座的行業，因為命宮主導一個人的個性、思想、觀念等之故。除非其命宮星宿組合不佳或有化忌星落入，才要就其身宮、官祿宮、財帛宮、遷移宮加以參看，予以取決。

第一、第二大限還未工作之前，官祿宮代表求學的順逆。等到出社會之後，官祿宮才代表工作的順逆與否，以及和老闆的對待關係。

之前說過夫妻宮是代表與配偶之間的對待關係，而對宮官祿宮才是代表配偶的長相與個性。

官祿宮也代表你工作環境的優劣，一般而言公務員的命格幾乎百分比很高是「重官不重財」，工作地點較乾淨，吹冷氣，衣服穿著也較正式，但領的薪水比較固定。市場的攤販則很多是「重財不重官」，工作場所有可能是又熱又髒又亂的夜市，環境很惡劣，但地點對，做的東西好吃的話，可能賺翻了，白天開賓士，晚上開小發財，或許還擁有三棟房子呢！

很多人以為當年官祿宮化雙忌就以為會離職，那是不對的，官祿宮化雙忌只是代表那年工作不順利，和老闆相處不佳。又要引動遷移宮來帶動才離職離得成，這就是我常說的各宮位融入去看。

「花若盛開　蝴蝶自來　人若精彩　天自安排」

第一節　要走論命路線還是教學路線

給自己定位，適合走論命路線或教學路線？

聖人之大寶曰位，一個人最重要的是如何給自己定位？

走論命路線：

大限或本命的兄僕線要化祿或化權，這樣客源才會很多，兄僕線化祿或化權，代表你對他好，緣份長，相對他也會報恩介紹客人來。

兄僕線代表客人，但是你那代表財的五個宮位：命宮、身宮、福德宮、財帛宮、田宅宮至少要握住一個祿（祿存或化祿），才表示你有賺到錢。

走教學路線：

大限或本命的子女宮要化祿或化權，這樣學生才會很多，子女宮化祿或化權，代表你

對他好，緣份長，相對他也會報恩介紹學生來上課，子女宮也代表學生，此外你的命宮或身宮要有天魁或天鉞坐守具備師格才比較適合，但是你那代表財的五個宮位：命宮、身宮、福德宮、財帛宮、田宅宮至少要握住一個祿（祿存或化祿），才表示你有賺到錢。

「沒有永遠的教室，只有永遠的學習」

紫 微 斗 數 星 盤

網址：http://www.fjm.tw

<table>
<tr>
<td>巨 祿
門 存

破天天天地地
碎刑巫貴劫空
【父母】博絕亡病
【丁巳】士 神符
15～24 小限 2</td>
<td>廉天擎
貞相羊

八
座
【福德】力胎將歲
【戊午】士 星建
25～34 小限 3</td>
<td>天 天火
梁 鉞星

【田宅】青養攀晦
【己未】龍 鞍氣
35～44 小限 4</td>
<td>七
殺

孤三天封
辰台馬誥
【官祿】小長歲喪
【庚申】耗生驛門
45～54 小限 5</td>
</tr>
<tr>
<td>貪 陀文
狼 羅昌
祿 身宮

鳳寡解
閣宿神
【命宮】官墓地弔
【丙辰】府 煞客
5～14 小限 1</td>
<td colspan="2" rowspan="2">姓名:牛郎命例 性別:男
國曆:67年10月10日午時 農曆:67年9月9日午時
編號:1061
生肖：馬
性屬：陽男
五行：土五局
身主：火星
命主：廉貞
<table>
<tr><td>正印</td><td>日元</td><td>正印</td><td>正財</td><td>主星</td></tr>
<tr><td>壬午</td><td>乙巳</td><td>壬戌</td><td>戊午</td><td>八字</td></tr>
<tr><td>己丁</td><td>戊庚丙</td><td>丁辛戊</td><td>己丁</td><td>藏</td></tr>
<tr><td>偏食
財神</td><td>正正傷
財官官</td><td>食七正
神殺財</td><td>偏食
財神</td><td>副星</td></tr>
<tr><td>長生</td><td>沐浴</td><td>墓</td><td>長生</td><td>運</td></tr>
<tr><td>金匱
伏吟
文昌
學堂
桃花
外桃花</td><td>血刃
金輿
沐浴
血刃
孤鸞</td><td>五鬼
飛刃
墓庫
流霞</td><td>文昌
學堂
桃花</td><td>地支神煞</td></tr>
<tr><td>81 庚午 71 己巳</td><td>61 戊辰 51 丁卯</td><td>41 丙寅 31 乙丑</td><td>21 甲子 11 癸亥</td><td>大運</td></tr>
</table>范振木 老師 製作
電話:(02)8521-1998
手機:0909-331395</td>
<td>天 鈴
同 星

天紅天
傷鸞姚
【僕役】將沐息貫
【辛酉】軍浴神索
55～64 小限 6</td>
</tr>
<tr>
<td>太
陰
權

天天天
官福喜
【兄弟】伏死咸天
【乙卯】兵 池德
115～124 小限 12</td>
<td>武 文
曲 曲

龍天天截陰
池才壽空煞
【遷移】奏冠華官
【壬戌】書帶蓋符
65～74 小限 7</td>
</tr>
<tr>
<td>紫天右
微府弼
科

蜚天
廉月
【夫妻】大病指白
【甲寅】耗 背虎
105～114 小限 11</td>
<td>天 天
機 魁
忌

旬
空
【子女】病衰天龍
【乙丑】符 煞德
95～104 小限 10</td>
<td>破 左
軍 輔

天天台
哭虛輔
【財帛】喜帝災大
【甲子】神旺煞耗
85～94 小限 9</td>
<td>太
陽

天恩
使光
【疾厄】飛臨劫小
【癸亥】廉官煞耗
75～84 小限 8</td>
</tr>
</table>

牛郎命例解說

生辰：男命 農曆67年9月9日午時（西元1978年）

事件：第二大限開始下海做牛郎

命格：

1、貪狼化祿坐命，貪狼是一顆大桃花，化祿叫做加重，更加重了它桃花的特性。貪狼加陀羅乃好色之徒，並且不挑嘴，老少咸宜，構成風流彩杖之格，一生容易吃上風流官司，看大限或流年什麼時候去引動它就兌現了，到時候命宮的乙級星官府就加重了他的風流官司了。

2、加文昌構成「三八桃花」的組合，公共場所愛現，唯恐人家不知道他的存在，男女同論。文昌文曲命遷線對照，一張唬爛嘴騙死人不償命。

3、命宮有那麼多桃花星坐命自然就會長得英俊、風流、瀟灑，充滿吸引異性的無窮魅力。

夫妻宮：

夫妻宮**紫微**北斗第一主星，**天府**南斗第一主星坐守，又加右弼化科坐守，喜歡的對象一定是那種有頭有臉、身分地位很高、有錢又有氣質的貴婦，套句時下流行的一句話「NO MONEY NO TALK」沒錢的免談。

第二大限（丁巳大限）：15－24歲

桃花的命格走到第二大限你自然會多看幾眼第二大限的夫官線。

第二大限的官祿宮紅鸞天姚兩桃花星坐守在向他招手，天同又是坐享其成的星座，化權雙職並存，酉位又是店位，此時就在牛郎店上班了。

此時大限夫妻宮太陰化權，又有大限的化祿去引動，你就知道有多少貴婦在捧他的場子了。**再看大限疾厄宮宮干是甲子**，廉貞化祿破軍化權至本命財福線，我們紫微斗數的術語叫做用你的身體去賺錢的傾向。

值得一提的是此人子位性器官的位子是破軍坐守，真可說是「天賦異稟」，得到上天

太多的眷顧，是多麼的雄偉勇猛，難怪倚天劍一出鞘就所向披靡了。

而第二大限子女宮性需求的宮位紫微天府右弼化科，大限疾厄宮性能力的宮位破軍左輔坐守，以上皆為強勢的星座，否則怎麼能夠應付那麼勞碌的工作呢？

第二大限命宮走地空地劫叫做一定有一劫難，大限又走雙暗交馳，此時巨門化忌加大限的陀羅又被引動，乙級星的天刑又來增凶，意外、官訟、孝服、口舌是非隨便你選，走這種背運，坦白說連喝開水都會嗆到。尤其是民國86年（丁丑年）那一年更是要注意。

紫微斗數星盤

網址：http://www.fjm.tw

<table>
<tr>
<td>天 祿左文
機 存輔曲
權
天天天旬
官馬月空
【田宅】博病劫天
【癸巳】士 煞德
33～42 小限 8</td>
<td>紫 擎
微 羊
天
貴
【官祿】力死災弔
【甲午】士 煞客
43～52 小限 9</td>
<td>天紅寡三八台
傷鸞宿台座輔
【僕役】青墓天病
【乙未】龍 煞符
53～62 小限 10</td>
<td>破
軍
解天
神巫
【遷移】小絕指歲
【丙申】耗 背建
63～72 小限 11</td>
</tr>
<tr>
<td>七 陀
殺 羅
身宮
蜚截
廉空
【福德】官衰華白
【壬辰】府 蓋虎
23～32 小限 7</td>
<td colspan="2" rowspan="2">姓名:武相寅位命例 性別:男
國曆:45年3月26日丑時 農曆:45年2月15日丑時
<table>
<tr><td>正印</td><td>日元</td><td>正印</td><td>偏財</td><td>主星</td></tr>
<tr><td>辛丑</td><td>壬辰</td><td>辛卯</td><td>丙申</td><td>八字</td></tr>
<tr><td>辛癸己</td><td>癸乙戊</td><td>乙</td><td>戊壬庚</td><td>藏</td></tr>
<tr><td>正劫正印財官</td><td>劫傷七財官殺</td><td>傷官</td><td>七比偏殺肩印</td><td>副星</td></tr>
<tr><td>衰</td><td>墓</td><td>死</td><td>長生</td><td>運</td></tr>
<tr><td>天喜
金輿
寡宿</td><td>白虎
墓庫
華蓋
魁罡
福星貴
退神</td><td>龍德
六厄
元辰
天乙貴人</td><td>天德貴人
學堂</td><td>地支神煞</td></tr>
<tr><td>74 己亥 / 64 戊戌</td><td>54 丁酉 / 44 丙申</td><td>34 乙未 / 24 甲午</td><td>14 癸巳 / 4 壬辰</td><td>大運</td></tr>
</table>
編號:61
五行：木三局 性屬：陽男 生肖：猴
命主：祿存 身主：天梁
范振木 老師 製作 電話:(02)8521-1998 手機:0909-331395</td>
<td>天右文
鉞弼昌
科
天破
使碎
【疾厄】將胎咸晦
【丁酉】軍 池氣
73～82 小限 12</td>
</tr>
<tr>
<td>太天火
陽梁星
封
誥
【父母】伏帝息龍
【辛卯】兵旺神德
13～22 小限 6</td>
<td>廉天
貞府
忌
天天天恩地
哭才刑光空
【財帛】奏養地喪
【戊戌】書 煞門
83～92 小限 1</td>
</tr>
<tr>
<td>武天
曲相
天鳳天
虛閣姚
【命宮】大臨歲大
【庚寅】耗官驛耗
3～12 小限 5</td>
<td>天巨
同門
祿
天
喜
【兄弟】病冠攀小
【辛丑】符帶鞍耗
113～122 小限 4</td>
<td>貪
狼
天龍天陰地
福池壽煞劫
【夫妻】喜沐將官
【庚子】神浴星符
103～112 小限 3</td>
<td>太 天鈴
陰 魁星
孤
辰
【子女】飛長亡貫
【己亥】廉生神索
93～102 小限 2</td>
</tr>
</table>

武曲天相寅位命例解說

生辰：男命農曆45年2月15日丑時（西元1956年）

命格：

1、伍相天相星坐命，個性絕對熱心雞婆，天相星也是一顆衣食的星座，挑吃、挑穿，重外表。熱心助人，心軟，不善拒絕人，責任心重，做事勤快。

2、武曲星坐命，個性也有剛毅的一面，奉行賺錢為目的，對朋友講義氣，做事情迅速乾脆、勤快耐勞有衝勁。

3、命宮有天姚屬水加天相又屬水，比較感性，非常有異性緣，略帶桃花。

4、身宮附著在福德宮，懂享受，但宮內有七殺加煞星陀羅，又逢截空，勞碌不得閒。

5、身宮有陀羅，陀羅主圓的，對於打球應該很擅長，而且喜歡打球（他說擅長打高爾夫球）。

6、二祿一忌看心態，祿存入田宅宮，喜歡購置不動產，一有錢就想買房子。

7、化祿入兄弟宮，對兄弟姊妹朋友好，但他們卻不一定對你有幫助，同巨的組合不利入六親位。

8、化忌在財帛宮，命宮有武曲屬金代表財，很會賺錢，化忌在財帛宮卻不是很會理財。財宮有化忌會有晚婚和離婚的現象。

9、夫妻宮貪狼坐守會擎羊、陀羅兩顆煞星，每個大限夫妻宮都不好，加上財宮化忌欠福德，要不然沒有結婚，要不然就相處欠佳，要不然晚婚，一定要兌現一樣。或者聚少離多等現象。

10、父母宮有太陽天梁加火星，孝而不順，因為有火星在此，容易和父母起衝突。兄弟宮化祿，兄弟宮是父母的夫妻位有化祿，代表長輩有多出來的現象，或認義父母的現象。

11、空劫夾子女宮，而且夾煞星鈴星，要不然沒有小孩，或與子女有聚少離多的現象，與子女無緣。

結論：命坐桃花星，夫妻宮有暗祿，必有私情，若田宅宮再有化權、化祿者更明顯，必為兩巢元老。

第一大限（庚寅大限）：3－12歲

消化系統極差常拉肚子（天鉞主消化系統被擎羊引動），支氣管也不好，更嚴重的是小學三年級左右醫生說可能是腦膜炎要抽脊髓，非常痛苦，身體極差（乃因命宮天相化忌以及大羊入疾厄宮引動之故）。

第二大限（辛卯大限）：13－22歲

太陽屬火加火星，疾厄宮又有廉貞化忌屬火，皮膚不好，長很多青春痘，身體不好。長輩身體也有問題，夫官一線化雙祿，開始有工作以及交女朋友了（此一大限結婚，民國67年（戊午年）結婚，民國68年小孩誕生了。）

第三大限（壬辰大限）：23－32歲

大限夫妻宮武曲化忌引動了，大羊進入本命夫妻，夫妻相處極差。大限子女天同化

祿，大限祿存進入本命子女，第二個孩子也誕生了。

第四大限（癸巳大限）：33－42歲

命宮祿存會雙祿，發展得不錯，田宅宮破軍化祿，要置產買房子了，大限夫妻宮有火星，本命夫妻羊陀夾忌，夫妻相處極差（民國78年升官，79年買房子登記老婆的名字）。

第五大限（甲午大限）：43－52歲

大限財宮武曲天相加大限的祿存進去，也是進入本命命宮，大限命宮又有暗祿（天同化祿），本命財帛廉貞化忌轉化祿有賺錢了（民國95年左右的年薪台幣270萬），大限命宮有紫微、擎羊，擎羊代表衝刺，很辛苦打拼，大限官祿宮廉貞化忌轉化祿，工作也做得不錯，但逢地空，有波折，尤其95年（丙戌年）再一個廉貞化忌和本命的廉貞化忌，95年化雙忌，升官功敗垂成，很可惜，流年運沒來搭配。

紫微斗數星盤

網址：http://www.fjm.tw

太 陽 權 天天孤蜚破天截 使福辰廉碎壽空 【疾厄】將病歲喪 【癸巳】軍 驛門 53～62 小限 5	破 天文 軍 魁曲 天解陰旬 喜神煞空 【財帛】小衰息貫 【甲午】耗 神索 43～52 小限 6	天 機 龍鳳天 池閣刑 【子女】青帝華官 【乙未】龍旺蓋符 33～42 小限 7	紫天陀文 微府羅昌 忌 台 輔 【夫妻】力臨劫小 【丙申】士官煞耗 23～32 小限 8
武 曲 科 八封 座誥 【遷移】奏死攀晦 【壬辰】書 鞍氣 63～72 小限 4	（命盤中宮，見下）		太 祿 陰 存 天天地 官虛空 【兄弟】博冠災大 【丁酉】士帶煞耗 13～22 小限 9
天 同 天天恩 傷哭光 【僕役】飛墓將歲 【辛卯】廉 星建 73～82 小限 3			貪 擎 狼 羊 三天 台月 【命宮】官沐天龍 【戊戌】府浴煞德 3～12 小限 10
七 天左 殺 鉞輔 身宮 天天 馬巫 【官祿】喜絕亡病 【庚寅】神 神符 83～92 小限 2	天 梁 寡天天地 宿才貴劫 【田宅】病胎地弔 【辛丑】符 煞客 93～102 小限 1	廉天右鈴 貞相弼星 紅 鸞 【福德】大養咸天 【庚子】耗 池德 103～112 小限 12	巨 火 門 星 祿 天 姚 【父母】伏長指白 【己亥】兵生背虎 113～122 小限 11

姓名:貪羊戌位命例 性別:男

國曆:40年12月19日寅時 農曆:40年11月21日寅時

傷官	日元	正印	偏印	主星
甲寅	癸巳	庚子	辛卯	八字
戊丙甲	戊庚丙	癸	乙	藏
正正傷 官財官	正正正 官印財	比肩	食神	副星
沐浴	胎	臨官	長生	運
金輿 沐浴 劫煞	喪門 天德貴人 天乙貴人 血刃 日貴 孤鸞	紅鸞 福德 桃花 祿神	天乙貴人 文昌 學堂	地支神煞

75	65	55	45	35	25	15	5	大運
壬辰	癸巳	甲午	乙未	丙申	丁酉	戊戌	己亥	

編號:126

五行：木三局　性屬：陰男　生肖：兔

命主：祿存　身主：天同

范振木 老師 製作 電話:(02)8521-1998 手機:0909-331395

貪狼擎羊戌位命例解說

生辰：男命 農曆40年11月21日寅時（西元1951年）

1、楊天岳命坐貪狼加擎羊，擎羊之金去剋貪狼之木，構成風流彩杖的格局，命宮貪狼，身宮不宜再入殺、破、狼的格局裡，貪狼、七殺一命一身，尤其單守，因色犯刑，為人無情。

2、田宅宮會空劫之外，雙空又來拱。父母宮巨火之組合，太陽在對宮逢截空，烏雲遮日趨不了巨門之暗，所以出生貧窮。

3、夫妻宮煞忌同宮一定是非叢生，而且以紫微北斗第一主星加南斗第一主星天府，配偶絕對比他強勢且囉嗦。

4、但是你不要忽略這個殺、破、狼優點的部分，魁鉞拱命，你不要輕視這個魁鉞，一個在財帛一個在官祿，這兩個宮位有這兩顆貴人星，實在是太棒了，表示財務上、事業上都有貴人來相挺。

5、命宮三方四正會到四吉星，遷移宮武曲化科，逢貴人相助，外圍都是貴人。此外身宮是七殺加天鉞這顆貴人星也相當的好。

第四大限（乙未大限）：33－42歲

1、走乙未大限，祿存進入大限財帛宮，化祿進入大限命宮，化權進入大限遷移宮，大限官祿宮又有本命的巨門化祿，這個大限和朋友合夥成立高科技公司開始發跡了。

第五大限（甲午大限）：43－52歲

1、走甲午大限，雖是殺破狼的格局，殺破狼格局也有好壞之分，不要一竿子打翻一條船，甲午大限賺進了近一億的錢，你會看走眼的。

2、這個大限命宮會雙祿，在高科技上班和人投資工廠，分的紅利很嚇人。這個大限的祿存入他大限的財宮也是本命的官祿宮，表示事業做得好而且很賺錢，大限的命遷線化權化祿化科，又是本命的財福線，怎麼會沒有錢。

3、大限的福德宮天府這個府庫會雙祿，所以這個府庫很好用，你現在就知道天府千萬不要逢空的道理了吧！

4、但是他這個大限手握的股票價值雖多，只是他財福線命遷線漂亮而已，房子是老婆的，他自己名下沒有房地產。

5、此一大限的田宅宮太陰祿存逢地空之外，太陽在巳位逢截空，烏雲遮日，太陰不發光，要沾那個太陽光更不可能了，所以縱然有那麼多錢，卻沒有一棟房子在自己名下。

第六大限（癸巳大限）：53－62歲

1、走癸巳大限的民國92年（癸未年），53歲太歲引動子田線，買一棟五千萬左右的房子，和老婆各擁一半產權。

2、這個大限本命命宮貪狼化忌加擎羊，一定有一場風流官司，此時宮內丙級星的官府又來湊熱鬧。

3、他向老婆要五百萬，老婆不肯給，老婆怕他給外面的女朋友。他想要拿五千萬那棟房子去銀行貸款，老婆更不肯。

4、注意這個大限的田宅宮，紫府加煞忌和本命夫妻宮重疊一定會為房地產之事在合約上和老婆有過節而爭執不休。文昌化忌要注意簽約的問題。

5、最主要是要告訴你們有錢人也有有錢人的煩惱，就如我之前所說的人生就有那麼一點不完美。

紫微斗數星盤

網址：http://www.fjm.tw

左 輔 紅三天天地地 鸞台馬月劫空 【財帛】小臨亡龍 【辛巳】耗官神德 42～51 小限 12	天 機 天 福 【子女】青冠將白 【壬午】龍帶星虎 32～41 小限 11	紫破陀天火 微軍羅鉞星 寡天天截 宿才壽空 【夫妻】力沐攀天 【癸未】士浴鞍德 22～31 小限 10	祿 存 天解天封 哭神巫誥 【兄弟】博長歲弔 【甲申】士生驛客 12～21 小限 9
太 文 陽 昌 祿 天天 使虛 【疾厄】將帝地大 【庚辰】軍旺煞耗 52～61 小限 1			天 擎右鈴 府 羊弼星 身宮 八天 座貴 【命宮】官養息病 【乙酉】府 神符 2～11 小限 8
武七 曲殺 權 恩旬 光空 【遷移】奏衰咸小 【己卯】書 池耗 62～71 小限 2			太 文 陰 曲 天 刑 【父母】伏胎華歲 【丙戌】兵 蓋建 112～121 小限 7
天天 同梁 科 天龍天 傷池姚 【僕役】飛病指官 【戊寅】廉 背符 72～81 小限 3	天 天 相 魁 忌 破 碎 【官祿】喜死天貫 【己丑】神 煞索 82～91 小限 4	巨 門 鳳蜚陰台 閣廉煞輔 【田宅】病墓災喪 【戊子】符 煞門 92～101 小限 5	廉貪 貞狼 天天孤 官喜辰 【福德】大絕劫晦 【丁亥】耗 煞氣 102～111 小限 6

姓名:天府羊鈴酉位 性別:女

國曆:59年3月20日午時 農曆:59年2月13日午時

傷官	日元	比肩	傷官	主星
庚午	己亥	己卯	庚戌	八字
己丁	甲壬	乙	丁辛戊	藏
比偏 肩印	正正 官財	七 殺	偏食劫 印神財	副星
臨官	胎	病	養	運
金匱 白虎 祿神 流霞	天喜 劫煞 月德合 血刃	桃花 月德合 將星	寡宿 魁罡	地支神煞

75	65	55	45	35	25	15	5	
辛未	壬申	癸酉	甲戌	乙亥	丙子	丁丑	戊寅	大運

編號:366

生肖：狗

性屬：陽女

五行：水二局

身主：文昌

命主：文曲

范振木 老師 製作 電話:(02)8521-1998 手機:0909-331395

天府擎羊鈴星右弼酉宮命例解說

生辰：女命 農曆59年2月13日午時（西元1970年）

1、楊祐玲天府星坐命，個性急驚風，受到對宮武曲、七殺的影響，講義氣，個性上也非常愛面子。

2、命身同宮的人，自我觀念強，很難聽得進建言。

3、命宮有鈴星，與人衝突時，易生悶氣。

4、右弼星坐命也有其心軟性慈的一面。

5、天府坐命比較有口福，乃因天府是重吃的星座。

6、天府加羊鈴，乃風雲人物，將來必定有其風光之一面，大家都認識妳。

7、遷移宮化權，個性愛趴趴走。出外起帶頭作用，加上僕役宮是厚重的組合，很不錯。

8、二祿一忌看心態：

(1)、祿存入兄弟宮，對兄弟姊妹好，但四煞夾就夾破了，兄弟姊妹對妳是沒有幫助的。

(2)、本身天府坐命，疾厄宮又化祿，很有口福，頗重養生之道。

(3)、官祿宮化忌，從事的工作應該和是非有點關聯，不行去做衣服的行業。（她是在公家機構，是小學教員兼輔導室主任，天天要輔導單親家庭及有問題的小朋友，非常符合命理）

天府會魁鉞則會吃公家飯。

9、夫官一線煞忌交馳，非常不好，夫妻宮和命宮造成隔角，又有截空，又加雙煞，夫妻一定會有聚少離多之現象，久處必失和，對待關係是誰怕誰。那個火、陀雙煞逢空，反而降低他的殺傷力。（她說老公派去大陸工作，非常符合命理）

10、財宮有空劫同宮，花錢勇敢，加上自己命宮是天府逢雙煞，財亦難留。

11、福德宮廉貪的組合，注重物慾口福，欠缺精神享受，女命若待其事業稍成之後，頓覺人生空虛無奈。

第一大限（乙酉大限）：2－11歲

乙酉大限，父疾線被引動，看是自己身體不好，還是父母，一定要兌現一樣。（結果

是父親、母親皆開過刀，父母宮太陰化忌加天刑，對宮擎羊來沖之故）

第二大限（甲申大限）：12－21歲

甲申大限，大限田宅宮廉貞化祿引動，大祿又進入大限遷移宮引動，搬過家（她說沒錯，因房子要改建）。此外也到外地去讀書租房子住。

大限疾厄宮擎羊進入，本命疾厄宮太陽化忌，身體不好，因為被引動。（她說沒錯，經常會頭痛，太陽化忌之故，太陽主頭部）

第三大限（癸未大限）：22－31歲

癸未大限，本命夫妻宮破軍化祿被引動要結婚，但因大限夫妻宮空劫在此，對宮又化忌來欠，相處關係絕對欠佳。

癸的祿存進入本命田宅，且巨門化權，大限的子田線日月對照，昌曲對照，且科祿對照，絕對有購買不動產之兆。（她說有買房子，且裝潢得很漂亮，太陰化科之故）

第四大限（壬午大限）：32－41歲

王午大限，大限財宮天梁化祿，本命福德宮來財之源又有廉貪加祿存，財運表現不錯。（她說沒錯還可以）

大限遷移宮巨門加大羊加陰煞，本命遷移宮武曲化忌，盡量不要出遠門。（她說老公去大陸工作，她想留職停薪，我說萬萬不可，這也是她來論命的原因）

民國95年（丙戌年）引動宮位：

1、小限太歲引動父疾線，自己身體和父母身體要注意保健。斗君引動遷移宮，有出國之現象。

2、官祿宮化雙忌，事業不順。

3、最後我說97年太歲走戊子，小限走戊寅，大限的命遷線和本命子田線重疊，那年一定要注意交通事故。要不然要解釋為，是否要換房子大整修去符合它。（她說正有此意）

第六節　紅鸞天姚兩桃花星拱命皮條客命例解說

紫微斗數星盤

網址：http://www.fjm.tw

<table>
<tr>
<td>太陽祿
身宮
破天旬
碎壽空
【遷移】大絕劫小
【辛巳】耗　煞耗
65～74 小限 8</td>
<td>破軍
天天天天八
使福哭虛座
【疾厄】伏胎災大
【壬午】兵　煞耗
75～84 小限 9</td>
<td>天機　陀天鈴
　　　羅鉞星
截天
空姚
【財帛】官養天龍
【癸未】府　煞德
85～94 小限 10</td>
<td>紫天祿
微府存
蜚三地
廉台劫
【子女】博長指白
【甲申】士生背虎
95～104 小限 11</td>
</tr>
<tr>
<td>武　右
曲　弼
權
天龍
傷池
【僕役】病墓華官
【庚辰】符　蓋符
55～64 小限 7</td>
<td colspan="2" rowspan="2">姓名:巨火亥位命例　性別:男
國曆:49年9月13日酉時　農曆:49年7月23日酉時
<table>
<tr><td>正印</td><td>日元</td><td>劫財</td><td>七殺</td><td>主星</td></tr>
<tr><td>癸酉</td><td>甲辰</td><td>乙酉</td><td>庚子</td><td>八字</td></tr>
<tr><td>辛</td><td>癸乙戊</td><td>辛</td><td>癸</td><td>藏</td></tr>
<tr><td>正官</td><td>正劫偏
印財財</td><td>正官</td><td>正印</td><td>副星</td></tr>
<tr><td>胎</td><td>衰</td><td>胎</td><td>沐浴</td><td>運</td></tr>
<tr><td>天喜
福德
桃花
飛刃
流霞
桃花
外桃花</td><td>五鬼
金輿
華蓋
十靈日</td><td>天喜
福德
桃花
月德合
飛刃
流霞
桃花</td><td>月德貴人
沐浴
將星</td><td>地支神煞</td></tr>
<tr><td>79 癸巳　69 壬辰</td><td>59 辛卯　49 庚寅</td><td>39 己丑　29 戊子</td><td>19 丁亥　9 丙戌</td><td>大運</td></tr>
</table>
編號:619
生肖：鼠
性屬：陽男
五行：土五局
身主：火星
命主：巨門
范振木 老師　製作　電話:(02)8521-1998　手機:0909-331395</td>
<td>太　擎
陰　羊
天
喜
【夫妻】力沐咸天
【乙酉】士浴池德
105～114 小限 12</td>
</tr>
<tr>
<td>天
同
科
紅天台
鸞刑輔
【官祿】喜死息貫
【己卯】神　神索
45～54 小限 6</td>
<td>貪　左
狼　輔
鳳寡恩天
閣宿光貴
【兄弟】青冠地弔
【丙戌】龍帶煞客
115～124 小限 1</td>
</tr>
<tr>
<td>七
殺
孤天解天陰地
辰馬神巫煞空
【田宅】飛病歲喪
【戊寅】廉　驛門
35～44 小限 5</td>
<td>天　天文文
梁　魁昌曲
【福德】奏衰攀晦
【己丑】書　鞍氣
25～34 小限 4</td>
<td>廉天
貞相
　忌
【父母】將帝將歲
【戊子】軍旺星建
15～24 小限 3</td>
<td>巨　火
門　星
天天天封
官才月誥
【命宮】小臨亡病
【丁亥】耗官神符
5～14 小限 2</td>
</tr>
</table>

巨門火星亥位命例解說

生辰：男命 農曆49年7月23日酉時（西元1960年）

1、楊火炬巨門火星入命，入疾厄，幼年必生瘡疾或皮膚病，行限逢之主意外或無妄之災、刑訟之事。巨火同宮坐命已破格了。

2、一生多病羸黃瘦弱，刑剋極重有礙婚姻。

3、亥位巨門火星同宮入命，陰暗之星，絕對不可與煞星同宮，否則刑剋極重，除了刑傷自己之外，亦主六親無緣，一生亦與祝融之災結緣。尤其大限、小限、太歲，逢丁之宮干，或流年煞星來引動時，宜特別小心，保守，低調行事，親近宗教，行善佈施來度過，切勿做任何重大決定，否則失敗機會大。

4、疾厄宮破軍、天哭、天虛同宮，身體一定具備從小就有的隱疾或破相，否則養不活的機率大，何況童限竟然走的是丁的宮干（此人幼年皮膚不好，臉部重要器官缺損），所幸疾厄宮大祿進入，方驚險度過。卻留下一生之破相遺憾（鼻子爛掉沒鼻子）。

5、此命格六親緣淺，一生勞祿，奔波不得閒，從事之職業亦屬低階，紅鸞及天姚兩顆桃花星財官來拱命，在風月場所從事拉皮條的工作（俗稱37仔）。（已離婚，目前獨居）

6、戊寅大限離婚，至今單身，構成大限夫妻本命夫妻內外皆凶。

7、民國86年太歲走丁丑，38歲小限走丁亥，由小限命遷線來看，祝融之災，被狗咬。當年夏天開冷氣睡覺，所養小狗狂叫，原不以為意，沒想到小狗由小門進入，咬他的左腳往外猛拉，此時煙霧瀰漫，見窗簾燒起來，起身急忙往外衝，所幸沒釀成大禍。（狗真是人類最忠實的朋友）

8、巨門＋火星＝祝融之災。

9、巨門＋鈴星＝刑訟。

10、巨門＋擎羊＝刑剋六親，手術、血光之災。

11、巨門＋陀羅＝意外。

12、火星＝火災、發炎、餐飲業之火。

13、火星＋封誥＝貼膏藥、皮膚有一處爛掉、發炎不易好、濕疹。

14、巨門＋火星＋封誥＝火災時，門是關閉的或被封住。

15、巨門＝有水的孔道、鑰匙孔、門孔、眼睛、牙齒、支氣管、甲狀腺、泌尿、腎水系統。

16、巨門化忌在命遷線時，出門防獸咬（狗、螞蟻、蛇、貓等咬傷）。

17、巨門星喜化祿、化權或祿存，可解其惡，空亡星來化解佳，或最喜旺地太陽來驅暗，否則陷地行限逢之，主官司、孝服、破財、手術血光之災、意外等凶險之事。

紫微斗數星盤

網址：http://www.fjm.tw

<table>
<tr>
<td>紫七天文
微殺鉞曲
天鳳天天
福閣姚巫
【命宮】喜臨指歲
【丁巳】神官背建
5～14 小限 11</td>
<td>右
弼
天陰旬
官煞空
【父母】飛冠咸晦
【戊午】廉帶池氣
115～124 小限 12</td>
<td>身宮
蜚天台
廉月輔
【福德】奏沐地喪
【己未】書浴煞門
105～114 小限 1</td>
<td>左
輔
孤天
辰馬
【田宅】將長亡貫
【庚申】軍生神索
95～104 小限 2</td>
</tr>
<tr>
<td>天天火
機梁星
天寡
喜宿
【兄弟】病帝天病
【丙辰】符旺煞符
15～24 小限 10</td>
<td colspan="2" rowspan="2">姓名:適合教命理命例 性別:男
國曆:42年6月30日丑時 農曆:42年5月20日丑時
編號:1083
生肖：蛇
性屬：陰男
五行：土五局
身主：天機
命主：武曲
范振木 老師 製作 電話:(02)8521-1998 手機:0909-331395</td>
<td>廉破文
貞軍昌
祿
龍破
池碎
【官祿】小養將官
【辛酉】耗 星符
85～94 小限 3</td>
</tr>
<tr>
<td>天 天
相 魁
三恩封
台光誥
【夫妻】大衰災弔
【乙卯】耗 煞客
25～34 小限 9</td>
<td>天紅天地
傷鸞才空
【僕役】青胎攀小
【壬戌】龍 鞍耗
75～84 小限 4</td>
</tr>
<tr>
<td>太巨
陽門
權
【子女】伏病劫天
【甲寅】兵 煞德
35～44 小限 8</td>
<td>武貪擎
曲狼羊
忌
天天
哭刑
【財帛】官死華白
【乙丑】府 蓋虎
45～54 小限 7</td>
<td>天太祿
同陰存
科
天天解地
使壽神劫
【疾厄】博墓息龍
【甲子】士 神德
55～64 小限 6</td>
<td>天 陀鈴
府 羅星
天截八天
虛空座貴
【遷移】力絕歲大
【癸亥】士 驛耗
65～74 小限 5</td>
</tr>
</table>

主星	正印	日元	七殺	劫財
八字	辛丑	壬子	戊午	癸巳
藏	辛癸己	癸	己丁	戊庚丙
副星	正劫正 印財官	劫財	正正 官財	七偏偏 殺印財
運	衰	帝旺	胎	絕
地支神煞	白虎 月德合 金輿	龍德 六厄 月破 紅鸞 羊刃 將星 孤辰	桃花 飛刃 日破	天乙貴人 劫煞

大運	78	68	58	48	38	28	18	8
	庚戌	辛亥	壬子	癸丑	甲寅	乙卯	丙辰	丁巳

適合教命理命例解說

本命天鉞坐命具備師格，而且是異途功名，讀企管系，卻不在企管系發揮，而在命理發揮，是因為命宮有天巫，會到財帛宮的華蓋這些宗教星有關，而且財帛宮化忌之於是非之財。此外命宮文曲會到官祿宮的文昌走文教路線。

很多人認為此命例的遷移宮空劫夾破了，而遷移宮又是一個人與人打交道的及人緣的宮位，破掉了是不是對命格要大打折扣？這個論調沒錯，人緣不好或不喜歡參與社團的活動，頂多不從政或從商。

但是此命具備師格，子女宮又很好，教教書總可以吧！使我想起高中課本描述了三國演義的作者羅貫中時寫道「羅貫中，山西太原人，與人寡合……。」上天是很公平的，每個人一天都是二十四小時，假如遷移宮太好，在外應酬多，他有時間寫書、寫講義嗎？他的心能定下來嗎？

此命盤當事者去算過八字，八字老說他是正財格要從事百貨流通業較適合，我期期以為不可，我認為正印才是他的喜用神，又在他的時柱宜文教業較適合，八字和紫微是相通

的，要看你要如何靈活的去判斷。

本命子女宮太陽巨門化權在廟旺之地不錯，子女有出息，中國有一句話叫做「一日為師，終身為父」，學生就是你的孩子。而且在乙丑大限，大限子女宮天機化祿，天梁化權，在社區大學就教了很多學生，逢地空，有一些學員讀了一期就沒再聯絡，叫做緣份淡薄，是不是符合地空。

甲子大限時，大限子女宮廉貞化祿，破軍化祿化權，學生也陸續湧入，這兩個大限教過的學生已達三千人了。廉貞化祿也是化到本命的官祿宮，也開始出版紫微斗數 USB 錄影教材了，都照命盤走，廉貞屬火代表電子或電腦軟體有關，真是太準了。（想要瞭解官祿要點怎麼看？歡迎購買范老師的紫微斗數 USB 錄影教材來研習就更清楚）

第七章

倒限及各種意外或疾病死亡案例

福德宮為一個人的福基，並且會影響一個人的壽元。

所以一個人是否會倒限？怎麼去判定：

1、**大限命宮主星落陷**，又被煞星、化忌星及空劫、截空等包圍。

2、**大限福德宮主星落陷**，又被煞星、化忌星及空劫、截空等包圍。

具備以上條件已構成倒限之要件了。然後來一個最後的判定：

大限斗君宮干的化忌沖命、沖身、沖福德，入命、入身、入福德。**以上入命或沖本命，或入大限都算**。

表示當事者之福基已盡，無福可享，倘若田宅宮也不佳的話就是「榮歸故里」之時了。

附註1：倒限很多跟地空地劫有關，空劫同宮、空劫夾、空劫拱、空劫對照等四大組合具有非常大的殺傷力。

附註2：大限斗君起法：先看寅位是本命什麼宮位？若寅位是本命子女宮，則大限斗君就在大限子女宮。

第一節 疾厄宮要點

要看一個人體質如何？共有三項可供參考：

1、命宮、身宮星宿

2、疾厄宮星宿

3、疾厄宮宮干所化忌之星宿

每個人身上都離不開這三項星宿所主之症。

然而本命之疾厄宮固然主一生先天具備的體質或遺傳基因，而大運之疾厄宮才是目前身體上的實際狀況。人的體質會隨著大限的轉移而改變，並且受大限命宮、疾厄宮所罹患的病症亦有所改變。

和尚、尼姑以及長期吃素的人，由於長期吃素，體質都已改變了，他們的體質偏重於以命宮為主，行運也以大限命宮為主。

用痣的部位來驗證命盤也很好用，下列子午位的三種組合：

1、紫微、貪狼

2、天機、巨門

3、太陽、天梁

以上三種組合有加祿存加化祿，臉部或下陰部會有痣。

一個人的體質雖然上限了二到三年，但是仍然要參考上一個大限的體質，因為人吃五穀雜糧體質會往後延的。

疾厄宮有四化進去都很不好

1、化祿化權：化祿化權進去代表毛病加重，也代表發胖。尤其化祿更明顯。

2、化科：大限的化科進去叫做毛病顯現，女性朋友有很多可能會去美容自己，塑身美容、黑斑去除，甚至去整形等。

3、化忌：已經要生病了，化忌叫做已經把疾厄的訊息帶來了。

龍池和鳳閣同宮在命宮或疾厄宮

1、龍池和鳳閣同宮在命宮或疾厄宮代表肥胖症。

2、龍池加擎羊或陀羅在命宮或疾厄宮主耳疾（年老時重聽的機率高）。（擎羊或陀羅屬金）

3、龍池加火星或鈴星在命宮或疾厄宮主耳朵發炎。（火星或鈴星屬火）

4、鳳閣加火星或鈴星在命宮或疾厄宮主牙齦發炎。

5、鳳閣加擎羊主拔牙。

6、鳳閣加陀羅在命宮或疾厄宮主蛀牙。

紫微斗數星盤

網址：www.fjm.tw

<table>
<tr>
<td>太陽 天鉞

天鳳地地
福閣劫空
【夫妻】喜絕指歲
【丁巳】神　背建

26～35 小限 11</td>
<td>破軍祿

天解旬
官神空
【兄弟】飛墓咸晦
【戊午】廉　池氣

16～25 小限 12</td>
<td>天機
身宮

蜚
廉
【命宮】奏死地喪
【己未】書　煞門

6～15 小限 1</td>
<td>紫天
微府

孤天封
辰刑誥
【父母】將病亡貫
【庚申】軍　神索

116～125 小限 2</td>
</tr>
<tr>
<td>武曲 文昌 鈴星

天寡三陰恩
喜宿台煞光
【子女】病胎天病
【丙辰】符　煞符

36～45 小限 10</td>
<td colspan="2" rowspan="2">
姓名:鈴昌羅武格局　性別:男
國曆:43年1月18日午時　農曆:42年12月14日午時
<table>
<tr><td>七殺</td><td>日元</td><td>劫財</td><td>正印</td><td>主星</td></tr>
<tr><td>庚午</td><td>甲戌</td><td>乙丑</td><td>癸巳</td><td>八字</td></tr>
<tr><td>己丁</td><td>丁辛戊</td><td>辛癸己</td><td>庚戊丙</td><td>藏</td></tr>
<tr><td>正傷
財官</td><td>傷正偏
官官財</td><td>正正正
官印財</td><td>七偏食
殺財神</td><td>副星</td></tr>
<tr><td>死</td><td>養</td><td>冠帶</td><td>病</td><td>運</td></tr>
<tr><td>天月紅將
德德鸞星
貴貴
人人</td><td>華蓋</td><td>天乙貴人</td><td>文亡
昌神</td><td>地支神煞</td></tr>
</table>
<table>
<tr><td>75</td><td>65</td><td>55</td><td>45</td><td>35</td><td>25</td><td>15</td><td>5</td><td rowspan="2">大運</td></tr>
<tr><td>丁巳</td><td>戊午</td><td>己未</td><td>庚申</td><td>辛酉</td><td>壬戌</td><td>癸亥</td><td>甲子</td></tr>
</table>
編號:232
生肖：蛇
性屬：陰男
五行：火六局
身主：天機
命主：武曲
范振木 老師　製作
電話:(02)8521-1998
手機:0909-331395
</td>
<td>太陰 火星
科

龍破
池碎
【福德】小衰將官
【辛酉】耗　星符

106～115 小限 3</td>
</tr>
<tr>
<td>天同 天魁 左輔

【財帛】大養災弔
【乙卯】耗　煞客

46～55 小限 9</td>
<td>貪狼 文曲
忌

紅八天
鸞座貴
【田宅】青帝攀小
【壬戌】龍旺鞍耗

96～105 小限 4</td>
</tr>
<tr>
<td>七殺

天天
使月
【疾厄】伏長劫天
【甲寅】兵生煞德

56～65 小限 8</td>
<td>天梁 擎羊

天
哭
【遷移】官沐華白
【乙丑】府浴蓋虎

66～75 小限 7</td>
<td>廉貞 天相 祿存

天天天天台
傷才壽姚輔
【僕役】博冠息龍
【甲子】士帶神德

76～85 小限 6</td>
<td>巨門 陀羅 右弼
權

天截天天
虛空馬巫
【官祿】力臨歲大
【癸亥】士官驛耗

86～95 小限 5</td>
</tr>
</table>

鈴昌羅武限至投河倒限案例

1、民國82年（癸酉年）除夕被狗咬傷，沒有去理會。民國83年（甲戌年）農曆8月17日破傷風而死。

2、大限具備鈴昌羅武非常不好的格局，陰煞又來湊熱鬧，命遷一線煞忌交馳，已破格。

3、大限丙辰，大限祿存進入本命地空位叫做「祿空」（祿存掌人之壽基），大限疾厄宮巨陀主意外又會空劫。大限福德宮破軍加擎羊已無福可享了，大限斗君的化忌位又沖大限命宮，已具備倒限要件了。

4、41歲小限走癸亥，巨陀主意外又會空劫，巨門加煞叫獸咬，當年太歲走癸酉，巳酉丑的流馬在亥，當年流馬和本命陀羅同宮叫「折足馬」構成「馬倒」，標準的「祿空馬倒」的行限。此外當年田宅宮貪狼化三忌叫子田線的意外，又和大限的命遷線重疊，引發了這種意外。（歡迎購買范老師的紫微斗數高級班 USB 錄影來研習更清楚）

附錄如下：

天馬星要點

安天馬訣：

本命的天馬（月馬）：

天馬申位逆數四馬地至本生月。

例如：例如三月生人，從申位逆數四馬地，即可知本命天馬在寅位。

流年的天馬（太歲年馬）：

寅位起子年逆數四馬地至該流年年支。

例如：戊子年則天馬在寅，己丑年天馬在亥

◎ 下列公式就非常清楚：（三合位第一個字的對宮）

寅午戌年在申　申子辰年在寅

巳酉丑年在亥　亥卯未年在巳

此星最喜與祿存或化祿交馳於命、身宮，謂之「祿馬交馳」。

乘則財宮雙美；遷移宮吉則可向外發展，賺取遠方之財。

祿空馬倒就是大限的祿存逢空，流年的天馬加煞，會有一個很大的劫難在等著他。命格低的有可能會倒限，命格高的看哪一個大限哪個宮位最差，就是那個宮位會出事。（歡迎購買范老師的紫微斗數 USB 錄影教材來研習就更清楚）

紫 微 斗 數 星 盤

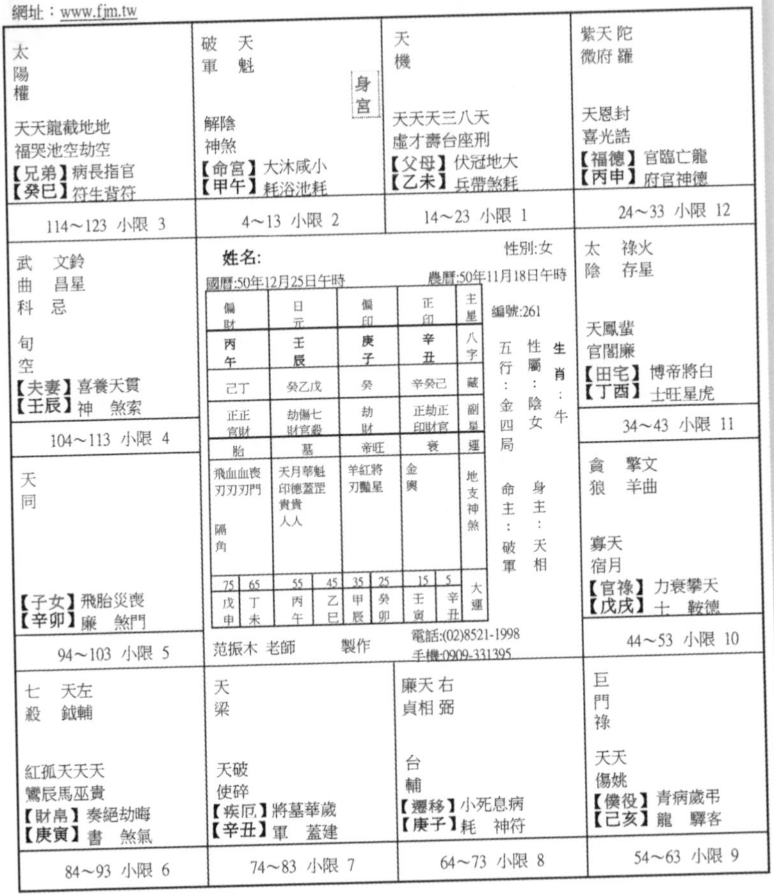

偏財	日元	偏印	正印	主星
丙午	壬辰	庚子	辛丑	八字
己丁	癸乙戊	癸	辛癸己	藏
正正官財	劫傷七財官殺	劫財	正劫正印財官	副星
胎	墓	帝旺	衰	運
飛血血喪刃刃刃門 隔角	天月華魁印德蓋罡貴貴人人	羊紅將刃鸞星	金輿	地支神煞

75	65	55	45	35	25	15	5	大運
戊申	丁未	丙午	乙巳	甲辰	癸卯	壬寅	辛丑	

第三節 大限走鈴昌羅武自殺死亡命例解說

※民國97年農曆5月份發生了什麼大事？（大事，大限一定要具備）

破軍天魁午宮命例解說

生辰：女命 農曆50年11月18日午時（西元 1961 年）

事件：民國97年自殺（死者同事告知電視命理名嘴說她活不到97年5月，結果她就在97年5月自殺了，這位命理師太缺德了）。

命格：

1、命坐午宮廟旺的破軍，命遷線無煞且三方四正會魁鉞、左右及文曲成立了「水火濟濟格」，命格還不錯，但是行運至戊戌大限就很不好，純粹是大限走得太爛了，由此可知命好還須運來搭配。

2、**戊戌大限**，遷移宮構成鈴昌陀武，大限命宮有擎羊，命遷線極差。大限擎羊又進入本命命宮，本命父母宮天機化忌欠疾厄。

3、大限祿存逢地空截空（祿空），祿存掌人之壽基不宜逢空。

4、**民國97年流年**，太歲走戊子，小限走丙申，小羊，流羊皆入本命命宮，加上大限

的擎羊，陰煞又來湊熱鬧，對宮又廉貞化忌來沖，命遷線極為凶險。當年小祿及流祿皆逢空。

5、48歲斗君走丙申，廉貞化忌也沖本命命宮，神仙難救無命人。

第四節 本命紫微會左右天府會祿只因大限不好

墜樓意外死亡命例解說

紫微斗數星盤

網址：www.fjm.tw

天同 天鉞 天天破八天 使福碎座巫 【疾厄】奏絕指白 【丁巳】書 背虎 72～81 小限 3	武曲 天府 文昌 身宮 天紅封 官鸞誥 【財帛】飛胎咸天 【戊午】廉 池德 82～91 小限 2	太陽 太陰 火星 科 寡天地 宿才空 【子女】喜養地弔 【己未】神 煞客 92～101 小限 1	貪狼 文曲 忌 天解 馬神 【夫妻】病長亡病 【庚申】符生神符 102～111 小限 12
破軍 左輔 祿 【遷移】將墓天龍 【丙辰】軍 煞德 62～71 小限 4	姓名: 國曆:82年2月9日辰時	性別:女 農曆:82年1月18日辰時	天機 巨門 權 天三天 哭台刑 【兄弟】大沐將歲 【辛酉】耗浴星建 112～121 小限 11
天魁 天天天地 傷虛壽劫 【僕役】小死災大 【乙卯】耗 煞耗 52～61 小限 5	范振木 老師 製作	電話:(02)8521-1998 手機:0909-331395	紫微 天相 右弼 天恩台旬 月光輔空 【命宮】伏冠攀晦 【壬戌】兵帶鞍氣 2～11 小限 10
廉貞 鈴星 陰煞 【官祿】青病劫小 【甲寅】龍 煞耗 42～51 小限 6	擎羊 龍鳳天 池閣姚 【田宅】力衰華官 【乙丑】士 蓋符 32～41 小限 7	七殺 祿存 天天 喜貴 【福德】博帝息貫 【甲子】士旺神索 22～31 小限 8	天梁 陀羅 孤蜚截 辰廉空 【父母】官臨歲喪 【癸亥】府官驛門 12～21 小限 9

主星	傷官	日元	正財	食神
八字	壬辰	辛酉	甲寅	癸酉
藏	癸乙戊	辛	戊丙甲	辛
副星	食偏正 神財印	比肩	正正正 印官財	比肩
運	墓	臨官	胎	臨官
地支神煞	飛魁 刃罡	祿紅將 神鸞星	天劫 乙煞 貴人	祿紅將 神鸞星

大運	79	69	59	49	39	29	19	9
	壬戌	辛酉	庚申	己未	戊午	丁巳	丙辰	乙卯

編號:298
生肖：雞
性屬：陰女
五行：水二局
身主：天同
命主：祿存

＊民國95年農曆9月18日發生什麼大事？（小限已過宮）

（所謂大事大限一定要具備）

墜樓意外死亡命例

生辰：女命 農曆民國82年1月18日辰時（西元1993年）

事件：民國95年農曆9月18日在學校墜樓，隔天去世。

命格：

這張命例格局相當高，符合我們紫微所要求的紫微有會左、右，天府有會祿，日、月在旺地。然而我常說的命好還須運來搭配，所以看命兼看運的觀念一定要建立。

第二大限（癸亥大限）：（12－21歲）

1、大限走癸亥，和本命同一宮干，一定有一個地方有雙羊，有雙忌，好的還未兌現，不好的事卻在等著她。

2、首先大限命宮走天梁加陀羅，此時大陀又來引動，大限走截空，而本身又是水二局，水空則流，外帶空劫拱，**空劫叫做高空墜下**。大限會三空是很背的大限，大限命宮已破。

3、大限福德宮擎羊單守無制，大羊又進來引動，無福可享。

4、大限田宅宮廉貞加鈴星已破，外帶忌欠。

5、倒限要件：大限命宮破了，大限福德宮也破了，大限田宅宮也破了，已具備倒限，命盤在難解難分時，大限斗君乙卯，太陰化忌沖大限福德宮，神仙難救無命人。也是沖本命子田線，還是叫做子田線的意外死掉。

民國95年（丙戌年）：

1、14歲太歲走丙戌，引動本命命遷線，由於她是1月18日出生，屬上半年出生的人，所以當年農曆8月1日小限已過宮至15歲小限走丁巳，引動本命父疾線，造成本命子田線三羊對沖，構成子田線的意外，子田線的意外特徵為自己疏忽造成的，其次在室內發生，和遷移宮的意外是有所區別的。

2、15歲小限走丁巳引動疾厄宮，小陀進入，流鸞也進入主血光。

3、14歲斗君走甲寅，引動本命官祿宮，此事發生在學校，三忌交馳在14歲斗君的命

遷線上，非常凶險，斗君可以看本命、大限、小限、太歲所有的四化，此外當年斗君甲寅，太陽化忌也是沖本命子田線，大限財福線，在在顯示當年運走得太差了。（歡迎購買范老師的紫微斗數 USB 錄影教材來研習更清楚）

※註：小限及太歲不行看斗君的四化。但是斗君可以看本命、大限、小限、太歲所有的四化。

紫微斗數星盤

網址：www.fjm.tw

天　陀 府　羅 天龍封 哭池誥 【兄弟】力臨指官 【己巳】士官背符 15～24 小限 11	天太祿火 同陰存星 旬 空 【命宮】博冠咸小 【庚午】士帶池耗 5～14 小限 12	武貪擎文文 曲狼羊昌曲 祿權　　忌 天天天恩天 虛才月光貴 【父母】官沐地大 【辛未】府浴煞耗 115～124 小限 1	太巨天 陽門鉞 天天地 喜姚空 【福德】伏長亡龍 【壬申】兵生神德 105～114 小限 2
天 刑 【夫妻】青帝天貫 【戊辰】龍旺煞索 25～34 小限 10	**姓名:肝癌倒限命例**　性別:男 國曆:38年10月17日卯時　農曆:38年8月26日卯時 主星：正印、日元、偏財、正印 八字：己卯、庚辰、甲戌、己丑 藏：乙、癸乙戊、丁辛戊、辛癸己 副星：正財、傷正偏官財印、正劫偏官財印、劫傷正財官印 運：胎、養、衰、墓 地支神煞：飛刃、流華魁霞蓋罡、紅金寡鸞輿宿、天乙貴人 大運：73 丙寅、63 丁卯、53 戊辰、43 己巳、33 庚午、23 辛未、13 壬申、3 癸酉 編號:310 五行：土五局　性屬：陰男　生肖：牛 命主：破軍　身主：天相 范振木 老師　製作　電話:(02)8521-1998　手機:0909-331395		天 相 天鳳蜚截台 官閣廉空輔 【田宅】大養將白 【癸酉】耗　星虎 95～104 小限 3
廉破右 貞軍弼 【子女】小衰災喪 【丁卯】耗　煞門 35～44 小限 9			天天 機梁 　科 寡 宿 【官祿】病胎攀天 【甲戌】符　鞍德 85～94 小限 4
天紅孤八解地 福鸞辰座神劫 【財帛】將病劫晦 【丙寅】軍　煞氣 45～54 小限 8	鈴 星 天破天 使碎壽 【疾厄】奏死華歲 【丁丑】書　蓋建 55～64 小限 7	天 魁 身宮 三陰 台煞 【遷移】飛墓息病 【丙子】廉　神符 65～74 小限 6	紫七左 微殺輔 天天天 傷馬巫 【僕役】喜絕歲弔 【乙亥】神　驛客 75～84 小限 5

※民國93年（甲申年）年底發現全身浮腫臘黃，檢查出來是肝癌。

※請問為什麼是肝癌？

※請問此一大限為什麼會倒限？為什麼甲申年會發現是肝癌？為什麼94年（乙酉年）3月去世。

陰同祿存火星午宮肝癌倒限命例

生辰：男命 農曆民國38年8月26日卯時（西元1949年）

命格：

1、陸英桐本命太陰天同落陷加祿存，構成羊陀夾煞坐命，財福線空劫對照。午宮的太陰天同落陷加煞忌，羸黃技藝。

2、最糟糕的莫過於父疾線煞忌交馳。鈴星單守無制，對宮化忌欠過來，命宮有煞，疾厄宮鈴星主有癌症基因。

3、千萬要注意的是剛上限的三年內體質，一定要參考上一大限的體質是會延續的。上個大限走丙寅時命遷線空劫對照，一定有一劫難，廉貞化忌入大限父母宮，父母走掉一個。

4、大限擎羊也引動本命命宮，大限廉貞化忌在父母宮，化忌欠疾厄，大限疾厄宮宮干癸酉，癸的化忌到貪狼，貪狼屬木，故知大限疾厄宮宮干的化忌位是肝出了問

題。

5、丁丑大限走丑宮鈴星單守，已屬運勢不好，三方四正會五煞加截空。

6、大限宮干的四化，巨門化忌入大限疾厄宮，大限父疾線又空劫對照，大限的擎羊又入本命父疾線來引動，已顯示此一大限身體要出大狀況了。

7、甲申年底（民國93年）發現全身浮腫臘黃，檢查是肝出了問題，太歲走到大限的化忌位，就是在兌現大限所具備之事。

8、延至94年（乙酉年）農曆3月亡故。94年小限、太歲引動子田線，小限子田線太陰祿忌交馳，進出醫院數次外，和本命命遷線重疊要走人了。

9、巨門化雙忌是大限疾厄宮和本命福德宮重疊。

10、當年斗君起小限一月走到3月引動父疾線而亡故。

第六節 酉位陽梁文昌化忌引動心臟麻痺倒限命例解說

紫微斗數星盤

網址：www.fjm.tw

太 文 陰 曲 科 破旬 碎空 【父母】小病亡病 【己巳】耗 神符 13～22 小限 2	貪 狼 身宮 【福德】將死將歲 【庚午】軍 星建 23～32 小限 3	天巨天左右 同門鉞輔弼 天三八台 官台座輔 【田宅】奏墓攀晦 【辛未】書 鞍氣 33～42 小限 4	武天 曲相 孤截陰恩 辰空煞光 【官祿】飛絕歲喪 【壬申】廉 驛門 43～52 小限 5
廉天鈴 貞府星 祿 鳳寡天天 閣宿姚貴 【命宮】青衰地弔 【戊辰】龍 煞客 3～12 小限 1	姓名:	性別:男	太天文 陽梁昌 忌 天天紅 傷福鸞 【僕役】喜胎息貫 【癸酉】神 神索 53～62 小限 6
擎 羊 天封 喜誥 【兄弟】力帝咸天 【丁卯】士旺池德 113～122 小限 12	范振木 老師 製作	電話:(02)8521-1998 手機:0909-331395	七 殺 龍天解地 池才神空 【遷移】病養華官 【甲戌】符 蓋符 63～72 小限 7
破 祿火 軍 存星 權 蜚天 廉月 【夫妻】博臨指白 【丙寅】士官背虎 103～112 小限 11	陀天 羅魁 【子女】官冠天龍 【丁丑】府帶煞德 93～102 小限 10	紫 微 天天天天地 哭虛壽刑劫 【財帛】伏沐災大 【丙子】兵浴煞耗 83～92 小限 9	天 機 天天天 使馬巫 【疾厄】大長劫小 【乙亥】耗生煞耗 73～82 小限 8

國曆:43年5月27日丑時　農曆:43年4月25日丑時

編號:262

生肖:馬　性屬:陽男　五行:木三局

身主:火星　命主:廉貞

比肩	日元	七殺	傷官	主星
癸丑	癸未	己巳	甲午	八字
辛癸己	乙丁己	戊庚丙	己丁	藏
偏印 比肩 七殺	食神 偏財 七殺	正官 正印 正財	七殺 偏財	副星
冠帶	墓	胎	絕	運
	飛刃 華蓋	天乙 驛馬 貴人		地支神煞

74	64	54	44	34	24	14	4	大運
丁丑	丙子	乙亥	甲戌	癸酉	壬申	辛未	庚午	

※民國94年(乙酉年)發生了什麼大事?(所謂大事，就是大限要具備)

廉貞天府鈴星辰位命例解說

生辰：男命 農曆民國43年農曆4月25日丑時（西元1954年）

命格：

林聯輔命坐廉貞化祿天府鈴星，三方四正會三空，廉貞屬火主心臟，而酉位陽梁的組合有化忌，對宮擎羊又無制來沖，大運再走不好時，這個部位就有問題了。

第五大限（壬申大限）：43－52歲

1、大運走到壬申大限時，大限命宮武曲化忌加陰煞加截空（本命木三局，大運走截空，木空則折）。三方羊鈴來拱，火星來沖。

2、大限父疾一線煞忌交馳，大限疾厄宮擎羊單守無制，大限父母宮太陽化忌。

3、大限財福一線雙煞交馳，尤其福德宮七殺加大陀無制去引動了，無福可享，且又有地空。

4、大限田宅空劫夾，庫逢破，大限命宮行至落陷之處，福德宮不好，田宅宮又不好

時，恐怕要榮歸故里了。

5、大限具備，流年只不過在兌現大限具備之事，更何況大斗（庚午）天相化忌入大限命宮。

民國94年（乙酉年）：

1、當年52歲小限引動田宅宮走辛未，辛巨陽武昌，文昌化忌入大限父疾線。

2、52歲太歲乙酉走大限父疾線太陽化忌，文昌化忌之位。流年宮干乙引動本命疾厄宮，流年歲首戊引動本命命遷線。本命命遷又有乙的流羊、辛的小羊、對沖，引動命遷線叫要走人了。

第七節 一路走來疾厄宮都引動肝病倒限命例解說

紫微斗數星盤

網址：http://www.fjm.tw

太陽 孤蜚破天天 辰廉碎姚巫 【財帛】青絕歲喪 【辛巳】龍　驛門 82～91 小限 9	破軍　右火弼星 天天截陰 喜壽空煞 【子女】小胎息貫 【壬午】耗　神索 92～101 小限 8	天機祿　鈴星 龍鳳天 池閣月 【夫妻】將養華官 【癸未】軍　蓋符 102～111 小限 7	紫天天左 微府鉞輔 科 天天地 福馬劫 【兄弟】奏長劫小 【甲申】書生煞耗 112～121 小限 6
武曲　擎羊 天天八 使官座 【疾厄】力墓攀晦 【庚辰】士　鞍氣 72～81 小限 10	（見下）		太陰忌 天虛 【命宮】飛沐災大 【乙酉】廉浴煞耗 2～11 小限 5
天同　祿存　身宮 天台 哭輔 【遷移】博死將歲 【己卯】士　星建 62～71 小限 11			貪狼 三台 【父母】喜冠天龍 【丙戌】神帶煞德 12～21 小限 4
七殺　陀羅 天恩天地 傷光貴空 【僕役】官病亡病 【戊寅】府　神符 52～61 小限 12	天梁權　文文昌曲 寡天 宿刑 【官祿】伏衰地弔 【己丑】兵　煞客 42～51 小限 1	廉天天 貞相魁 紅天解旬 鸞才神空 【田宅】大帝咸天 【戊子】耗旺池德 32～41 小限 2	巨門 封誥 【福德】病臨指白 【丁亥】符官背虎 22～31 小限 3

姓名:肝病死亡命例　性別:女

國曆:64年6月24日酉時　農曆:64年5月15日酉時

編號:368

七殺	日元	傷官	偏財	主星
丁酉	辛丑	壬午	乙卯	八字
辛	辛癸己	己丁	乙	藏
比肩	比食偏肩神印	偏七印殺	偏財	副星
臨官	養	病	絕	運
歲破 災煞 祿神 紅鸞 將星 血刃	天狗 月德合 華蓋	天喜 勾絞 六厄 天乙貴人 桃花	血刃 流霞 隔角	地支神煞

75	65	55	45	35	25	15	5	
庚寅	己丑	戊子	丁亥	丙戌	乙酉	甲申	癸未	大運

五行：水二局　性屬：陰女　生肖：兔

命主：文曲　身主：天同

范振木 老師　製作　電話:(02)8521-1998　手機:0909-331395

※戊子大限的民國98年農曆5月18日肝病去世。

注意凡是大事，大限一定要具備。

太陰化忌酉位肝病去世命例

生辰：女命 農曆64年5月15日酉時（西元1975年）

命格：

1、本命命宮化忌，疾厄宮有擎羊，體質就不好。

2、連續幾個大限疾厄宮都被引動。

3、第一大限走乙酉，命宮化雙忌，疾厄宮雙羊被引動。

4、第二大限丙戌走貪狼（屬木），本命疾厄宮羊陀疊併，又被引動。

5、第三大限走丁亥，命宮巨門化忌加病符、白虎。大限疾厄宮破軍加火星坐守，右弼又來幫助破軍加火星，大限疾厄宮宮干壬，又化忌到辰位（肝膽的部位）。大限祿存又逢空。

6、第四大限走戊子大限，大限疾厄宮天機化忌被引動加鈴星，一個宮位有煞忌一定論破。戊子大限的大陀又進入本命疾厄宮（肝膽的部位）。大限福德空劫對照已

倒，具備倒限，大限遷移羊火疊併無制又來沖大限命宮。大限斗君宮干辛巳，文昌化忌又沖大限疾厄，因此民國98年（己丑）農曆5月18日因肝病去世。

凡是大事大限一定要具備，大限具備之後再找流年，民國98年（己丑），35歲小限走己卯引動本命遷移宮，35歲太歲走己丑引動大限父母宮，造成大限父母文曲化雙忌加天刑欠大限疾厄，大限疾厄除了大限的天機化忌加鈴星外，小羊、流羊又來湊熱鬧故亡故。（歡迎購買范老師的紫微斗數 USB 錄影來研習更清楚）

第八章

意外可分子田線的意外和遷移宮車禍意外

紫微斗數星盤

網址：www.fjm.tw

天孤蜚破截封 福辰廉碎空誥 【官祿】將臨歲喪 【癸巳】軍官驛門 85～94 小限 5	天 天左 機 魁輔 天天旬 傷喜空 【僕役】小冠息貫 【甲午】耗帶神索 75～84 小限 6	紫破文文 微軍昌曲 忌 身宮 龍鳳 池閣 【遷移】青沐華官 【乙未】龍浴蓋符 65～74 小限 7	陀右 羅弼 天地 使空 【疾厄】力長劫小 【丙申】士生煞耗 55～64 小限 8
太 陽 權 天天 才月 【田宅】奏帝攀晦 【壬辰】書旺鞍氣 95～104 小限 4	(命盤中宮，見下表)		天 祿 府 存 天天台 官虛輔 【財帛】博養災大 【丁酉】士 煞耗 45～54 小限 9
武七 曲殺 科 天八天 哭座姚 【福德】飛衰將歲 【辛卯】廉 星建 105～114 小限 3			太 擎 陰 羊 天解陰 壽神煞 【子女】官胎天龍 【戊戌】府 煞德 35～44 小限 10
天天天 同梁鉞 天天地 馬巫劫 【父母】喜病亡病 【庚寅】神 神符 115～124 小限 2	天 鈴 相 星 寡 宿 【命宮】病死地弔 【辛丑】符 煞客 5～14 小限 1	巨 火 門 星 祿 紅 鸞 【兄弟】大墓咸天 【庚子】耗 池德 15～24 小限 12	廉貪 貞狼 三天恩天 台刑光貴 【夫妻】伏絕指白 【己亥】兵 背虎 25～34 小限 11

姓名: 天相鈴星丑宮　性別:男

國曆:40年5月5日卯時　農曆:40年3月30日卯時

偏財	日元	正印	七殺	主星
己卯	乙巳	壬辰	辛卯	八字
乙	戊庚丙	癸乙戊	乙	藏
比肩	正正傷 財官官	偏比正 印肩財	比肩	副星
臨官	沐浴	冠帶	臨官	運
祿神	金孤血 輿辰刃	天月魁 德德罡 貴貴 人人	祿神	地支神煞

80	70	60	50	40	30	20	10	
甲申	乙酉	丙戌	丁亥	戊子	己丑	庚寅	辛卯	大運

編號:168
五行：土五局
性屬：陰男
生肖：兔
命主：巨門
身主：天同

范振木 老師 製作　電話:(02)8521-1998　手機:0909-331395

第一節 從你的命盤看到配偶騎車意外命例解說

※民國95年（丙戌年）農曆10月2日下午5點多（酉時）發生什麼大事？

天相鈴星丑宮命例解說

生辰：男命 民國40年農曆3月30日卯時（西元1951年）

事件：民國95年（丙戌年）農曆10月2日下午5點多（酉時）老婆騎機車被停在路旁的一輛貨車突然開門碰撞而倒地導致嚴重腦震盪，至今仍在復健中。

命格：

1、林昌梓天相坐命相貌持重，方頭大臉，個性熱心助人，責任心重，做事勤快。鈴星坐命和人起衝突容易生悶氣。

2、身宮龍池鳳閣同宮相當於一個化科，很有名，另一代表是肥胖症，此人胖胖的。

3、父疾線空劫對照視為弱宮，加煞就不好玩了，疾厄宮陀羅，命宮有鈴星皮膚不好，手臂及身上有非常多的小肉瘤，當然將來死於癌症的機率是相當高的。

4、盤中紫微沒會左右不主貴，所以不會到公家機關去當官，天府有會祿主富，所以從商比較適合。

5、財福一線科祿交馳非常好，尤其財帛宮天府加祿存，財源廣進，而且田宅宮是廟旺的太陽化權，庫位也旺。

第四大限（戊戌大限）：35－44歲

走戊戌大限，開了一個小型工廠，六台射出成型機生產很多產品，大限走日月對照，白天做晚上也做，這個大限天魁天鉞日夜貴人，分別在財官來拱大限命宮，得到很多貴人支持，開始拓展事業規模，大限走廟旺的擎羊，帶著鋼盔往前衝，非常辛苦，六台機器日夜生產開始發跡。

第五大限（丁酉大限）：45－54歲

走丁酉大限，天府加祿存個人資產已累積到八千萬台幣了，大限子田線雙祿交馳，大限田宅宮巨門化祿化忌，房地產有買有賣。

大限財帛宮大陀進去逢截空，怎麼論？以前不是說過有格論格，無格論財官，大限命宮天府加祿存非常棒，比擬為賺十元，財帛宮有煞叫做勇敢的花了三元，還有七元。可見

大限命宮走天府加祿存是多麼重要。

第六大限（丙戌大限）：55－64歲

走丙申大限，走空劫對照必有一劫難，什麼劫難？看大限擎羊，大限化忌在那裡？大概就兌現在那裡。

大羊進去大限夫妻宮加天喜，配偶有血光，廉貞化忌入本命夫妻宮，此時宮內天刑就來湊熱鬧了，也是血光，這個大限構成命理上所說的大限夫妻，本命夫妻，內外皆凶。

我們再以夫妻宮反看法來說，大限田宅宮廉貞化忌，也是大限夫妻宮的疾厄宮，配偶要有血光之現象。凡是大事大限一定要具備，大限具備之後再找流年不就得了嗎？

民國95年（丙戌年）：56歲小限走丙申，走到大小限重疊引動疾厄宮空劫對照，56歲太歲走丙戌，引動子田線，56歲斗君走乙亥，引動夫妻宮，也叫做走到大限的化忌位，就是要兌現大限所具備之事。

當年大、小限的夫妻宮一共有大羊、小羊、流羊加天喜再加流年白虎又來增凶和本命

僕役宮重疊，騎機車被停在路旁的一輛貨車突然開門碰撞而倒地，嚴重腦震盪，緊急送醫。

當年本命夫妻宮廉貞化三忌加天刑及本命白虎也主血光和大、小限的田宅宮重疊，家中陷入一片愁雲慘霧。

以流月來看，由於是被撞到，是外來因素，所以以太歲的流月來看，太歲1月為庚寅月，順數至10月（己亥月）走到本命夫妻宮，也是太歲的化忌位而兌現。（歡迎購買范老師的紫微斗數高級班 USB 錄影來研習更清楚）

紫微斗數高段口訣：配偶重大劫難斷法

以大限夫妻宮宮干化五虎遁，其忌入本命夫妻宮或大限夫妻宮，主配偶有重大劫難。

例如本例大限夫妻宮宮干甲午化五虎遁，甲己之年起丙寅，丙同機昌廉，廉貞化忌入本命夫妻宮還是兌現配偶有重大劫難之事。

第二節 一路走來不利父疾線命例解說

紫微斗數星盤

網址：http://www.fjm.tw

<table>
<tr>
<td>巨天
門鉞

孤天天地地旬
辰才壽劫空空
【福德】飛長亡貫
【乙巳】廉生神索
104～113 小限 12</td>
<td>廉天
貞相

天龍
福池
【田宅】奏養將官
【丙午】書 星符
94～103 小限 11</td>
<td>天火
梁星
祿

天天
喜月
【官祿】將胎攀小
【丁未】軍 鞍耗
84～93 小限 10</td>
<td>七
殺

天天鳳天封
傷虛閣姚誥
【僕役】小絕歲大
【戊申】耗 驛耗
74～83 小限 9</td>
</tr>
<tr>
<td>貪文
狼昌

天天
哭刑
【父母】喜沐地喪
【甲辰】神浴煞門
114～123 小限 1</td>
<td colspan="2" rowspan="2">姓名:太陰天魁卯位 性別:女
國曆:51年9月11日午時 農曆:51年8月13日午時
編號:983
五行：金四局 性屬：陽女 生肖：虎
命主：文曲 身主：天梁
范振木 老師 製作
電話:(02)8521-1998
手機:0909-331395</td>
<td>天鈴
同星

破天
碎貴
【遷移】青墓息龍
【己酉】龍 神德
64～73 小限 8</td>
</tr>
<tr>
<td>太天右
陰魁弼
身宮

截八恩
空座光
【命宮】病冠咸晦
【癸卯】符帶池氣
4～13 小限 2</td>
<td>武陀文
曲羅曲
忌

天天蜚
使官廉
【疾厄】力死華白
【庚戌】士 蓋虎
54～63 小限 7</td>
</tr>
<tr>
<td>紫天
微府
權科

解
神
【兄弟】大臨指歲
【壬寅】耗官背建
14～23 小限 3</td>
<td>天
機

紅寡
鸞宿
【夫妻】伏帝天病
【癸丑】兵旺煞符
24～33 小限 4</td>
<td>破擎
軍羊

陰台
煞輔
【子女】官衰災弔
【壬子】府 煞客
34～43 小限 5</td>
<td>太祿左
陽存輔

三天天
台馬巫
【財帛】博病劫天
【辛亥】士 煞德
44～53 小限 6</td>
</tr>
</table>

偏財	日元	正官	比肩	主星
丙午	壬子	己酉	壬寅	八字
己丁	癸	辛	戊丙甲	藏
正正官財	劫財	正印	七偏食殺財神	副星
胎	帝旺	沐浴	病	運
金匱 五鬼 飛刃 日破	天狗 災煞 紅鸞 羊刃 將星 孤寡	龍德 六厄 沐浴 桃花	天德貴人 文昌 流霞 驛馬 喉舌 孤辰	地支神煞

72	62	52	42	32	22	12	2	大運
辛丑	壬寅	癸卯	甲辰	乙巳	丙午	丁未	戊申	

太陰天魁右弼卯位命例解說

生辰：：女命 農曆51年8月13日午時（西元1962年）

命格：：

1、英祐葵小姐太陰卯位坐命，體型瘦高，稚氣未脫，好幻想，沒事最愛聊天，不愛做家事。宮位逢截空，但主星特性仍在，只是好星逢空優點反而無法顯現，缺點卻呈現出來，例如太陰是田宅主，是屬財星的一種，太陰在此加八座，加個三十燭光，和原來的30燭光，一共60燭光，一逢空太陰的優點發揮不出來，就表示不聚財。缺點如潔癖、懶散等就表現出來了。太陰是代表媽媽，逢空雖沒有刑剋，但還是和媽媽格格不入，磁場相互排斥。天魁坐命個性雞婆熱心，右弼代表心軟性慈，命宮有截空也主淡泊名利，與宗教或學術有緣。

2、命身同宮之人較具自我觀念，在旅行社當經理，太陰主旅遊、娛樂符合命理。

3、命格優點的部分是雙祿拱命，會到天魁、右弼、左輔等吉星。但同時會到火星、

鈴星也要扣分。

4、太陰孝順、顧家、晚睡特性仍在，主一生快樂享受，懂得調劑生活的情趣，對於聽音樂、唱歌、喝茶、藝術、繪畫、書法等有興趣。

5、太陰也主視力，落陷又逢空視力欠佳。紫微沒會左右，天府沒會祿，對命格都要打折扣。

遷移宮：變動頻率不大，較安於現狀，有鈴星來破壞，出去人緣有待加強，在外奔波勞碌。

兄弟宮：只有一個姊姊嫁到國外去，做貿易滿有成就，但是彼此並沒有特別有感情。兄弟宮有紫府太旺不會左右主孤。

僕役宮：朋友少難得知心好友及得力部屬，人際關係並不寬廣，朋友助力不大。

夫妻宮：天機動星入夫妻宮易有感情糾紛，三方會火、鈴、空劫非常不好。尤其對宮天梁制不了火星會把夫妻宮給沖破，老公是外國人，壬子大限92年4月離婚。

官祿宮：天梁主技術性或專業性工作，化祿主對工作的執著和敬業。

但是火星來破壞，增加不穩定性。太陰卯位坐命適合娛樂、旅遊、美容、服務業。天魁也是服務業。職業的類別幾乎是命宮在主導。

子女宮：破軍專依羊鈴為虐，又有陰煞來湊熱鬧，幸虧戌位煞忌子宮、卵巢有問題不會生，否則生下來小孩子也不學好，也主損。田宅宮：天相附近有小吃店，近水邊，廉貞附近有廟宇，小時候住郊區，龍池主附近有水池。

財帛宮：太陽加三台比較沒有那麼落陷，有祿存財源不錯，但財帛會雙空也主不聚財。會賺錢不聚財。

福德宮：福德宮逢空較勞祿，巨門一逢空比較不會去散佈八卦新聞。

父母宮：父親是軍人，在越戰期間替美軍做情報工作。後來槍傷回台病死。父母宮有貪狼，父母的夫妻位有化權化科，長輩有多出來的現象。擎羊或天刑在父母宮，父親當軍警的比率高。

疾厄宮：武曲、陀羅皆屬金，支氣管、肺經一脈欠佳。有煞忌在戌位有腰痠的現象，煞忌那個宮位就破了。陀羅又加白虎就有癌症基因。第四大限發現子宮肌瘤。

第一大限（癸卯大限）：4—13歲

1、癸卯大限命宮有太陰化科及天魁坐守，書念得還可以，維持前十名左右。

2、父疾這條線雙忌交馳，煞忌交馳，天刑又來湊熱鬧。父親早期派駐越南幫美軍做情報工作，受到槍傷，回台治療，細菌感染死亡，5歲那年父親病逝。小限走壬子，民國55年（丙午年）太歲走丙午，引動子田線，三羊對沖，宅內不安之象，小限壬子，本命疾厄宮武曲化雙忌加雙陀對沖父母宮，父母宮貪狼化忌加丙的流陀進入，父疾一線異常凶險，是年父親病逝。大限具備父疾線引動，父母宮貪狼化忌，流年只不過是在兌現大限所具備之事。

3、大限具備，流年再走到或去引動它就兌現了。

第二大限（壬寅大限）：14—23歲

1、大限走紫微化雙權，天府化雙科鋒頭甚健，大家都認識她，是樂儀隊指揮，也參與各項活動甚為積極。僕役宮天梁化雙祿，認識相當多的朋友，在社團也很活躍。

2、財宮武曲化雙忌加雙陀，家道中落，沒什麼零用錢，很窮。

3、疾厄宮天同加鈴星，皮膚易過敏，本命疾厄宮也有引動，支氣管也不好。

4、這個大限鋒頭甚健，紫府化權化科，眼高於頂，有很多人在追她，都沒有結果。大限夫妻宮破軍加兩隻擎羊，怎麼會有結果，怎麼可能結婚。

5、此一大限會天姚，本命子女宮破軍加雙羊，疾厄宮武曲化雙忌加雙陀，都有煞進入，且是雙煞，異性緣超好的。

第三大限（癸丑大限）：24－33歲

1、大限走天機加擎羊，天機主動星加擎羊就要注意舟車事故了，大限遷移宮又有煞星火星，這個大限本命父疾線雙忌交馳，煞忌交馳，所以民國81年小限走庚戌引動疾厄宮，太歲壬申武曲再化一個忌加一個流陀進入，31歲斗君也進入大限遷移宮，是年在國外發生一個大車禍脊椎受過傷。

2、大限遷移宮有化祿，在國外待過一段時間。

3、大限貪狼化忌入本命父母宮，對宮煞忌來沖民國77年太歲（戊辰年）引動父母宮，戊癸之年起甲寅，流年歲首甲也引動父母宮，27歲小限的壬四化武曲化忌加流陀沖照父母位。是年母親去世。

4、大限命宮的暗合位有破軍化祿加大限祿存，母親去世和姊姊各得遺產幾百萬，加上房子。這個暗祿很好用。

5、大限官祿宮巨門化權卻被空劫所毀，做貿易失敗，財宮天同加鈴星也不好。田宅宮貪狼那麼好卻轉忌，做生意失敗，賣掉一棟房子。所以研究紫微可以掌握自己的運勢很重要，不要逆天行事。

6、大限夫妻宮祿逢沖破姻緣難成，陀羅主拖延至下一個大限才結婚，本命夫妻宮天機加擎羊，怎麼可能結婚。大限官祿巨門化權在外還是有男友，被空劫所毀，一個換一個。

7、大限子田線雙忌交馳，搬了幾次家，化忌欠田宅。

第四大限：34－43歲

1、大運一路走來都走壬和癸，對她的父疾線造成很大的傷害。走壬，武曲化忌在疾厄宮，走癸，是貪狼化忌在父母宮。

2、這個大限走壬子，本命的疾厄宮武曲化雙忌加雙陀，誰能躲得過雙忌雙陀，一定要有事。第四大限最後幾年發現子宮肌瘤，醫師建議繼續追蹤，暫時不把子宮拿掉。這是本命疾厄宮，大限三口訣有講大限宮干的祿羊陀及四化進入本命的什麼宮位，是不是進入本命的疾厄宮，是不是引動它了，是不好的引動，叫做要出摟子了。戌位是子宮卵巢的部位，有雙陀雙忌又加白虎，這個部位一定會出問題。

3、大限的疾厄宮天梁化雙祿，在此一大限足足胖了5公斤，從48公斤胖到53公斤，天梁屬土主胃，加煞，腸胃不好常拉肚子，有火星，皮膚也會過敏，常常皮膚紅腫。大限三口訣有講大限宮干的祿羊陀及四化進入大限的什麼宮位。以及本命天梁化祿進入大限的什麼宮位。

4、大限夫妻宮武曲化雙忌加雙陀，夫妻理念不合，大部分是因為財，而於92年（癸

未年）農曆4月和老公離婚。武曲是財星，武曲化忌是為財而和老公離婚。此一大限天梁化祿，有動到本命夫官線，天梁化祿，所以才有姻緣結婚，但是大限夫妻宮實在太差而宣告仳離。

5、此一大限命宮走破軍加雙羊很努力做事，但是所得不成比例，火鈴夾大限財宮。

6、本命子女宮有大限擎羊進去，去沖本命田宅宮，一棟房子也變賣掉了。假設她有小孩，這個大限破軍加擎羊，本宮一定首當其衝，小孩子會出事。問題是因為戌位有問題，無法生小孩，才會破對宮田宅宮。

7、大限破軍加擎羊，要有血光，93年最後一年，大小限交接很不穩時，小限又引動本命疾厄宮。

民國92年（癸未年）引動宮位：

1、財福線（小限）

2、夫官線（太歲）

3、子田線（斗君）
4、夫官線（癸）流年宮干
5、命遷線（癸）流年宮干
6、父疾線（甲）流年歲首
7、父疾線（羊陀）
8、父疾線（雙忌）

1、42歲太歲引動官祿宮，就做得很鬱卒，頗有倦勤之意，只是沒有辭職而已。

2、再反看大限的夫妻宮武曲化雙忌，雙陀和大限官祿宮貪狼文昌，大限夫妻宮比官祿宮凶險。

3、所以流年引動夫宮線，反而破在夫妻宮，更何況流年年干癸又引動夫妻宮，而且流羊進入，所以92年（癸未年）農曆4月和老公離婚。大限具備，流年只不過是在兌現大限所具備之事罷了。

4、大限夫妻宮有煞忌就破了，更何況大限走壬子，再一個武曲化忌及大陀進入引

動，陀羅主拖延，主此大限的後五年，看哪一年引動夫妻宮就兌現了。更何況民國92年（癸未年）太歲的貪狼化忌及小限的文昌化忌再度去沖大限的夫妻宮，大限的夫妻宮有小羊又進去引發。其時大限走破軍耗財又耗親的星座加煞就很容易離婚。

5、忘了問她這個大限哪年結婚，但是依我研判應該是85年（丙子年）35歲時，因為那年流鸞入本命命宮，叫紅鸞星動。要不然就是86年（丁丑年）引動本命夫妻宮和本命紅鸞，離不開這兩年。

6、其時她說前幾年就檢查出子宮肌瘤，我推算應該是39歲小限走壬寅，武曲化忌引動本命疾厄，太歲39歲走庚辰（民國89年），引動父疾線。理論基礎應該是這樣。

7、民國92年（癸未年）三重引動父疾線，去了醫院好幾趟。民國93年（甲申年）小限引動疾厄宮，且是走大限的化忌位，身體要出事了，勢必更明朗化了。

民國93年（甲申年）引動宮位：

1、父疾線（小限）

2、兄僕線（太歲）

3、夫官線（斗君）

4、父疾線（甲） 流年宮干

5、子田線（丙） 流年歲首

6、命遷線（雙羊）

7、夫官線（雙陀）

1、43歲小限引動疾厄宮，且踏入大限的化忌位，勢必有事，文曲化科，毛病也再度顯現，更加明朗化了。

2、流年歲首丙也引動了田宅宮，以融合各宮位去看，是不是要住院了，流羊也進入她的命宮要動刀了。大限具備，小限再度引動，只是兌現大限之事。

3、斗君也引動了官祿宮，農曆3月提出辭呈，老闆予以慰留，但是那個陀羅只是拖延罷了，你以斗君丁未來判定，巨門化忌欠官祿，這個斗君可以看命盤所有的四化及祿羊陀，以斗君自成一命盤，以斗君那個宮位，做當年命宮。當事情難解難分時可以做一個依據。巨門化忌欠官祿，宮祿宮又有太陽祿忌交馳，工作要異動。

斗君看法尤其以化忌更明顯。小限的官祿宮紫微化雙權，天府化雙科都在顯是要有所行動。

4、此外還有另一組斗君，以當年五虎遁數之，如93年是甲申年，以甲子之年起丙寅，數到未宮斗君位為辛未。辛巨陽武昌，文昌化忌動到本命父疾線，更可以確立當年身體欠安，需要看醫生、住院之事。

5、太歲引動僕役宮，宮內沒有煞星，再反看大限兄僕線又沒什麼大事，較無所謂。

6、93年太歲走天姚，太歲四化進去廉貞化祿在太歲夫妻宮，易為異性所纏。

7、以前常說這個大限要交下一個大限時，生日前後百日，心情會很浮動，很不穩。目前正在交接。（歡迎購買范老師的紫微斗數高級班 USB 錄影來研習更清楚）

第三節 車禍截肢命例解說

紫微斗數星盤

網址：www.fjm.tw

天　天文 同　鉞昌 破天天 碎姚巫 【官祿】飛病劫小 【乙巳】廉　煞耗 83～92 小限 6	武天右 曲府弼 忌科 天天天天陰地 傷福哭虛煞空 【僕役】奏衰災大 【丙午】書　煞耗 73～82 小限 5	太太火 陽陰星 天封 月誥 【遷移】將帝天龍 【丁未】軍旺煞德 63～72 小限 4	貪　左 狼　輔 天蜚天 使廉馬 【疾厄】小臨指白 【戊申】耗官背虎 53～62 小限 3
破 軍 龍地 池劫 【田宅】喜死華官 【甲辰】神　蓋符 93～102 小限 7	姓名:　性別:女 國曆:61年6月29日巳時　農曆:61年5月19日巳時 （八字表見下） 范振木 老師　製作 電話:(02)8521-1998 手機:0909-331395	編號:526 五行：木三局 性屬：陽女 生肖：鼠 命主：巨門 身主：火星	天巨文 機門曲 天 喜 【財帛】青冠咸天 【己酉】龍帶池德 43～52 小限 2
天鈴 魁星 紅截旬 鸞空空 【福德】病墓息貫 【癸卯】符　神索 103～112 小限 8			紫天陀 微相羅 權 天鳳寡恩 官閣宿光 【子女】力沐地弔 【庚戌】士浴煞客 33～42 小限 1
廉 貞 孤三天 辰台貴 【父母】大絕歲喪 【壬寅】耗　驛門 113～122 小限 9	天天 才刑 【命宮】伏胎攀晦 【癸丑】兵　鞍氣 3～12 小限 10	七　擎 殺　羊 八解 座神 【兄弟】官養將歲 【壬子】府　星建 13～22 小限 11	天　祿 梁　存 祿 身宮 天台 壽輔 【夫妻】博長亡病 【辛亥】士生神符 23～32 小限 12

食神	日元	正官	傷官	主星
癸巳	辛卯	丙午	壬子	八字
戊庚丙	乙	己丁	癸	藏
正劫正 印財官	偏財	偏七 印殺	食神	副星
死	絕	病	長生	運
驛喪將 馬門星	流血將 霞刃星	天月 乙德 貴貴 人人	文學桃 昌堂花	地支神煞

78	68	58	48	38	28	18	8	大運
戊戌	己亥	庚子	辛丑	壬寅	癸卯	甲辰	乙巳	

※請看此命例哪個大限會出非常大的事情？

※大限具備再抓流年，兌現在哪一年？

車禍截肢命例解說

生辰：女命 農曆民61年5月19日巳時（西元1972年）

命格：

1、借日月坐命情緒比較不穩定，火星坐遷移宮（暗藏的個性）發起脾氣來可不是那麼一點點的。

2、兩眼視力度數相差甚大，或有眼疾的現象（國中檢查視力120度）。

3、本身屬於孝順顧家，個性陰晴不定，但對父母的孝心有時候並不容易被接受，容易有意見上的摩擦（日月坐命磁場不利父母）。

4、官祿宮空劫夾，事業不穩定。

5、福德宮鈴星坐守又有截空難免有精神上的煩惱，也是閒不住的人。

6、田宅宮破軍坐守住家容易有漏水的現象，出生環境附近有水道、低窪之地，或違建髒亂之景觀。

第二大限（壬子大限）：（13－22歲）

1、走壬子大限，大限命宮七殺加擎羊，大羊又進來引動，大限遷移宮武曲化忌，大限的忌也來引動，這時陰煞就會來湊熱鬧增凶能不出事嗎？大限會哭虛必有傷心事。

2、凡是大事，大限一定要先具備，大限具備之後再找流年，民國81年小限走壬寅，太歲走壬申（時年21歲），引動父疾線，此時大限命宮有四隻擎羊，大限遷移宮有四個忌星，非常凶險。

3、她說民國81年7月騎摩托車，被大拖車卡住，拖行很遠，緊急送至長庚醫院，當場截肢才能保住性命，右邊屁股也削掉了一大半。

4、七殺不行加煞，因七殺專依羊鈴為虐。

5、大限斗君化忌入本命疾厄身體遭傷，大限福德宮沒倒故未倒限。但也殘廢了，令人不勝唏噓，對方只賠償台幣七十萬元，往後的心理治療如何去做？（歡迎購買范老師的紫微斗數USB錄影來研習更清楚）

民國81年（壬申年）引動宮位：

1、父疾線（小限）

2、父疾線（太歲）

3、財福線（斗君）

4、兄僕線（壬）流年宮干

5、父疾線（壬）流年歲首

6、兄僕線（雙羊）

7、子田線（雙陀）

8、兄僕線（雙忌）

紫微斗數星盤

網址：www.fjm.tw

<table>
<tr>
<td>天　陀
梁　羅

孤蜚破天天台
辰廉碎刑巫輔
【遷移】官長歲喪
【乙巳】府生驛門

64～73 小限 9</td>
<td>七　祿
殺　存

天天
使喜
【疾厄】博沐息貫
【丙午】士浴神索

74～83 小限 8</td>
<td>擎
羊

龍鳳
池閣
【財帛】力冠華官
【丁未】士帶蓋符

84～93 小限 7</td>
<td>廉　火
貞　星

天
馬
【子女】青臨劫小
【戊申】龍官煞耗

94～103 小限 6</td>
</tr>
<tr>
<td>紫天
微相

天解天
傷神貴
【僕役】伏養攀晦
【甲辰】兵　鞍氣

54～63 小限 10</td>
<td colspan="2" rowspan="2">姓名:天同化權亥位　性別:女
國曆:76年11月6日亥時　農曆:76年9月15日亥時
<table>
<tr><td>七殺</td><td>日元</td><td>傷官</td><td>偏印</td><td>主星</td></tr>
<tr><td>乙亥</td><td>己未</td><td>庚戌</td><td>丁卯</td><td>八字</td></tr>
<tr><td>甲壬</td><td>乙丁己</td><td>丁辛戊</td><td>乙</td><td>藏</td></tr>
<tr><td>正正
官財</td><td>七偏比
殺印肩</td><td>偏食劫
印神財</td><td>七
殺</td><td>副星</td></tr>
<tr><td>胎</td><td>冠帶</td><td>養</td><td>病</td><td>運</td></tr>
<tr><td></td><td>天華六
印蓋秀
貴　日
人</td><td>魁
罡</td><td>將血
星刃</td><td>地支神煞</td></tr>
<tr><td>71 戊午　61 丁巳</td><td>51 丙辰　41 乙卯</td><td>31 甲寅　21 癸丑</td><td>11 壬子　1 辛亥</td><td>大運</td></tr>
</table>
編號:265
五行：金四局　性屬：陰女　生肖：兔
命主：巨門　身主：天同
范振木 老師　製作　電話:(02)8521-1998　手機:0909-331395</td>
<td>天鈴
鉞星
身宮

天天
虛姚
【夫妻】小帝災大
【己酉】耗旺煞耗

104～113 小限 5</td>
</tr>
<tr>
<td>天巨 文
機門 曲
科忌

天
哭
【官祿】大胎將歲
【癸卯】耗　星建

44～53 小限 11</td>
<td>破
軍

陰地旬
煞劫空
【兄弟】將衰天龍
【庚戌】軍　煞德

114～123 小限 4</td>
</tr>
<tr>
<td>貪　右
狼　弼

天天截三天
官才空台月
【田宅】病絕亡病
【壬寅】符　神符

34～43 小限 12</td>
<td>太太
陽陰
　祿

寡封
宿誥
【福德】喜墓地弔
【癸丑】神　煞客

24～33 小限 1</td>
<td>武天 左
曲府 輔

紅天八恩地
鸞壽座光空
【父母】飛死咸天
【壬子】廉　池德

14～23 小限 2</td>
<td>天　天文
同　魁昌
權

天
福
【命宮】奏病指白
【辛亥】書　背虎

4～13 小限 3</td>
</tr>
</table>

※民國95年農曆5月18日晚上9點多發生了什麼大事？（大限要先具備）

騎車意外受傷命例

生辰：女命 農曆民國76年9月15日亥時（西元1987年）

事件：民國95年（丙戌）農曆5月18日晚上9點多騎摩托車發生意外（情況非常嚴重，在加護病房待了一星期才轉到普通病房）。

命格：

1、天同化權、天魁、文昌亥位坐命，空劫夾命，媽媽生她時是剖腹產，害媽媽白挨一刀，不得媽媽緣，父母宮有地空。

2、身宮鈴星單守無制，天鉞只是一個貴人星，力道不大制不了煞星，對宮化忌沖過來，我常說一條線或一個宮位煞忌交馳，雙煞交馳一定論破，不但夫官線破了，身宮也破了，空劫又夾命，屬於命弱身弱的格局。

3、既然是命弱身弱的格局，行運時就要步步為營，不能有任何閃失。

第二大限：14－23歲

走王子大限，大限命宮武曲化忌加大羊進入引動，紅鸞加擎羊也主血光。又和本命父疾線重疊，更加確定血光無疑。大限疾厄宮又有本命擎羊。

民國95年（丙戌年）：

20歲小限走丙午引動本命疾厄，小羊及流羊進入加天喜，此時流年白虎也進入叫做血光，這也是大限遷移宮三羊對沖，叫做因車禍而血光難逃。

20歲太歲走丙戌引動兄僕線，三陀對照，太歲走到大限陀羅位，此時陰煞又來湊熱鬧，太歲走地劫，大限走地空，空劫各佔其一，無災也有禍

由於是自己騎車發生意外，所以要用小限的斗月去看（內在因素），斗月行至5月走乙巳引動到本命遷移，而小限的父疾線三羊對沖，這也是大小限的命遷線，血光難逃。（歡迎購買范老師的紫微斗數高級班 USB 錄影來研習更清楚）

註：

1、流年官符永遠在太歲的官祿宮。

2、流年白虎永遠在太歲的財帛宮。

以上流年星宿是給小限以及本命在看。絕對不是給太歲自己看，若是給太歲自己看，那就不合乎邏輯了。

第五節 巨門化忌獸咬命例解說

紫微斗數星盤

網址：www.fjm.tw

太陰科 天鉞 天天鳳天天天天地地 傷福閣才壽姚巫劫空 【僕役】奏長指歲 【丁巳】書生背建 54～63 小限 3	貪狼忌 右弼 天陰旬 官煞空 【遷移】飛沐咸晦 【戊午】廉浴池氣 64～73 小限 2	天同 巨門權 天蜚天恩 使廉月光 【疾厄】喜冠地喪 【己未】神帶煞門 74～83 小限 1	武曲 天相 左輔 孤天封 辰馬誥 【財帛】病臨亡貫 【庚申】符官神索 84～93 小限 12
廉貞 天府 文昌 鈴星 天寡 喜宿 【官祿】將養天病 【丙辰】軍 煞符 44～53 小限 4	姓名:巨門化忌獸咬 性別:女 國曆:42年6月15日午時 農曆:42年5月5日午時 主星：劫財／日元／傷官／七殺 八字：丙午／丁酉／戊午／癸巳 藏：己丁／辛／己丁／戊庚丙 副星：食比神扇／偏財／食比神扇／傷正劫官財財 運：臨官／長生／臨官／帝旺 地支神煞：月德貴人 祿神 桃花／天乙貴人 天印 文昌 學堂 將星／祿神 桃花／ 大運：78 丙寅／68 乙丑／58 甲子／48 癸亥／38 壬戌／28 辛酉／18 庚申／8 己未	編號:233 生肖：蛇 性屬：陰女 五行：金四局 身主：天機 命主：貪狼	太陽 天梁 火星 龍破 池碎 【子女】大帝將官 【辛酉】耗旺星符 94～103 小限 11
天魁 【田宅】小胎災弔 【乙卯】耗 煞客 34～43 小限 5	范振木 老師 製作	電話:(02)8521-1998 手機:0909-331395	七殺 文曲 紅鸞 【夫妻】伏衰攀小 【壬戌】兵 鞍耗 104～113 小限 10
破軍祿 八座 【福德】青絕劫天 【甲寅】龍 煞德 24～33 小限 6	擎羊 天天天 哭刑貴 【父母】力墓華白 【乙丑】士 蓋虎 14～23 小限 7	紫微 祿存 身宮 三解台 台神輔 【命宮】博死息龍 【甲子】士 神德 4～13 小限 8	天機 陀羅 天截 虛空 【兄弟】官病歲大 【癸亥】府 驛耗 114～123 小限 9

1、民國95年農曆12月29日（除夕前一天）屁股被狗咬。屁股至今還有被狗咬的兩個凹痕。

2、注意小限已過宮。

3、巨門化忌在遷移宮叫「獸咬」。

巨門化忌獸咬命例解說

生辰：女命 農曆民國42年5月5日午時（西元 1953 年）

事件：民國95年（丙戌年）農曆12月29日屁股被狗咬，屁股至今還有被狗咬的凹痕。

本命格：

遷移宮有貪狼化忌加陰煞，除了不愛出門，在外也有很多是非與人寡合。

第六大限：53－63歲

丁巳大限，走地空地劫的大限都不太好玩，更何況大限陀羅進來了，構成大限命遷線雙陀對照，所以你可以說構成大限命遷，本命命遷內外皆凶。

本命疾厄宮巨門化忌加大羊去引動，所以此一大限本命父疾線有引動，構成雙羊對沖，此時天刑、白虎這些乙級星，丙級星就會來助凶。

民國95年（丙戌年）引動宮位：

民國95年（丙戌年）12月29日騎摩托車回家屁股被狗咬，注意大限要算足歲，所以此命例民國95年5月5日就已經滿53歲了，大限已過宮至丁巳大限了。

此外農曆7月30日以前出生的人，過了8月1日基本上小限就已先過宮至下一年了，所以當年小限，54歲小限（甲寅）在當年8月1日後就已過宮至55歲小限（乙丑）了。

當年55歲小限（乙丑）引動了父疾線，小限的遷移宮巨門化忌加擎羊叫「獸咬」。

一般來說，十年走巨門化忌加煞的大限是絕對不好過的。

但是此命例她不是大限走巨門化忌加擎羊，而是本命的疾厄這種組合被引動這個剛好與55小限的遷移重疊才兌現。

一般來說，只要十年大運不具備這麼嚴重的運，流年走到巨門星化忌不會有這麼嚴重的事，但一樣要注意健康以及在外交通安全，還有一件事比較特別，那就是流年走到遷移宮巨門化忌，這種運叫「獸咬」，其實不只是獸咬，小動物或小蟲子都來咬，情況真的五

花八門，根據同學中印證的結果，有的被狗咬，有的被蛇咬，有的被貓抓，甚至還有被螞蟻欺負的，很奇怪吧！（歡迎購買范老師的紫微斗數 USB 錄影來研習更清楚）

第九章

學歷線要點及影響讀書運好壞案例研究

1、**文命不如文運。**

2、第一、第二、第三大限的官祿宮代表求學之順逆很重要。五科讀書星：文昌、文曲、天魁、天鉞、化科，這五顆星坐在你的命宮、身宮非常有利你的學歷。其次這五科星坐落在你第一及第二甚至第三大限的命宮都非常有利求學。大限命宮有五顆星之一，你可以考上好學校。但是大限官祿宮卻有煞或忌，在學校有可能會被當得一塌糊塗，因為**官祿宮主求學之順逆**。

3、**生長的家庭環境好壞以及父母宮好不好？**都會影響你的學歷線高低。

4、**大限命宮逢文昌的化忌或文曲的化忌，以及逢地空、截空、華蓋都非常不利讀書。**此外第一、第二，甚至第三大限的命宮有化祿叫做愛吃、好玩、不喜歡讀書，除

非旁邊有前述所提的五顆讀書星。

5、當年考試，流昌、流魁、流鉞是否進入小限命宮或本命命身宮也對考運有加分的作用。

◎流昌的排法：永遠在太歲擎羊的前兩位。例如丙午年的流羊在午宮，則流昌在申位。又如甲寅年的流羊在卯位，流昌則在巳位，以下類推。

◎流魁流鉞排法：按照本命魁鉞排法，甲戊庚年羊，乙己鼠猴鄉，六辛逢馬虎，丙丁豬雞位，壬癸兔蛇藏。

6、學歷線絕對跟時代背景息息相關，絕對不是一成不變。

7、命理講究中庸，文昌、文曲、天魁、天鉞、化科，這五顆讀書星一定要平均分配，絕對不可以全部集中在第一大限，那第二、第三大限怎麼辦？所以說文命不如文運的道理。

8、**官祿宮在未工作前，代表求學之順逆，有煞，有忌以學業不順論之**。書讀得好壞，除了命宮要有文星外，官祿宮代表讀書的順逆絕對要看。**到社會工作後，官祿宮**

就看你工作的順逆。

9、文星中按照順序來定，文昌最有利，其次是天魁、化科、天鉞、文曲。

10、書讀得好壞，除了命宮要有文星外，官祿宮代表讀書的順逆絕對要參看。（想要瞭解學歷線要點怎麼看?歡迎購買范老師的紫微斗數 USB 錄影來研習更清楚）

莫言曾經說過：

當你的才華還撐不起你的野心的時候，
你就應該靜下心來學習。

當你的能力還駕馭不了你的目標時，
就應該沉下心來歷練。
從來沒有人因為學習而傾家蕩產，
但一定有人因為不學習而一貧如洗。

從來沒有人因為學習而越學越貧窮，

但一定有人因為學習而家財萬貫。

范振木老師恭錄

紫微斗數星盤

網址：http://www.fjm.tw

右 弼 破天天旬 碎才馬空 【命宮】大長劫小 【辛巳】耗生煞耗 4～13 小限 8	天 文 機 曲 天天天八天恩 福哭虛座姚光 【父母】伏沐災大 【壬午】兵浴煞耗 14～23 小限 9	紫破陀天 微軍羅鉞 截 空 【福德】官冠天龍 【癸未】府帶煞德 24～33 小限 10	祿文 存昌 蜚三天台 廉台巫輔 【田宅】博臨指白 【甲申】士官背虎 34～43 小限 11
太 火 陽 星 祿 龍陰天封 池煞貴誥 【兄弟】病養華官 【庚辰】符 蓋符 114～123 小限 7	姓名:右弼巳位命例 性別:男 國曆:49年7月17日寅時 農曆:49年6月24日寅時	編號:247 五行：金四局 性屬：陽男 生肖：鼠	天 擎左 府 羊輔 身宮 天天地 喜壽空 【官祿】力帝咸天 【乙酉】士旺池德 44～53 小限 12
武七 曲殺 權 紅天 鸞月 【夫妻】喜胎息貫 【己卯】神 神索 104～113 小限 6	范振木 老師 製作	命主：武曲 身主：火星 電話:(02)8521-1998 手機:0909-331395	太 陰 天鳳寡 傷閣宿 【僕役】青衰地弔 【丙戌】龍 煞客 54～63 小限 1
天天 同梁 科 孤天 辰刑 【子女】飛絕歲喪 【戊寅】廉 驛門 94～103 小限 5	天 天 相 魁 忌 地 劫 【財帛】奏墓攀晦 【己丑】書 鞍氣 84～93 小限 4	巨 鈴 門 星 天解 使神 【疾厄】將死將歲 【戊子】軍 星建 74～83 小限 3	廉貪 貞狼 天 官 【遷移】小病亡病 【丁亥】耗 神符 64～73 小限 2

主星	偏財	日元	正官	偏財
八字	庚寅	丙午	癸未	庚子
藏	戊丙甲	己丁	乙丁己	癸
副星	食比偏 神肩印	傷劫 官財	正劫傷 印財官	正官
運	長生	帝旺	衰	胎
地支神煞	喪門 學堂 紅豔	歲破 災煞 天醫 羊刃 將星 六秀日 孤鸞	龍德 元辰 金輿 流霞	飛刃 日破

大運	78	68	58	48	38	28	18	8
	辛卯	庚寅	己丑	戊子	丁亥	丙戌	乙酉	甲申

右弼巳位命例解說

生辰：男命 農曆民國49年6月24日寅時（西元1960年）

1. 楊輔佑命坐四馬之地，命宮又有天馬，個性愛趴趴走。而且遷移宮有主星，命宮無主星，遷移宮旺於命宮，勢必為遠離出生地求發展之命。

2. 借廉貪坐命，大桃花、次桃花，異性緣佳，但因廉貪會空，且身宮又是天府，桃花比較收斂。相對的因會空，長相也沒有想像中英俊。廉貞的精明、第六感、節儉、小時候不好養。貪狼是一顆才藝之星，應該都要有這些現象。

3. 此命沒有文命，卻有文運，第二大限走文曲，第三大限走天鉞。

4. 兩祿一忌看心態，祿存入田宅宮，置產第一優先，另外一個祿是太陽化祿入兄弟宮，很照顧兄弟姊妹，可是加個火星，除了主損之外，也會為其所拖累。尤其第四大限，甲申大限，大限財帛宮太陽化祿，祿轉忌和本命兄弟宮重疊，一定跟兄弟姊妹有金錢的過節，一個宮位同時成立煞忌同宮，一定會有事。（結果是此一大限，借錢給兄弟玩股票，結果全泡湯，拿不回來）

5. 財宮天相化忌，除了不善理財之外，一定會有讓你破財的地方，而且財帛宮的化忌，會造成夫妻間聚少離多的現象，或晚婚甚至離婚的現象，因財宮化忌欠福德，會欠缺人生的福澤，欠缺人生的天倫樂，但從行運來看，應該是晚婚的現象。（46歲才結婚）

6. 身宮附著在官祿宮的人，事業心較強，有煞有空，這輩子事業一定不順，行業不穩。

7. 空劫拱命，人生起伏較大，那麼好的府相朝被空劫、擎羊及天相化忌所毀，人生沒有那麼平順，因為煞忌是三方外來因素，是外來逼迫你不得不做，若是命宮的煞，是你自己就會去做。（事實上此人出生環境貧窮，一路都靠自己半工半讀完成學業）

8. 福德宮紫破過旺加煞，又有截空，勢必勞心勞力，而且財福一線煞忌交馳，絕對讓你閒不下來，有大事發生，一定很難入睡。

9. 父母宮是典型的機月同梁格，百分比很高是公務員。（父親在公家機構上班）

10. 第一大限：4－13歲（辛巳大限）

田宅宮大陀進入加文昌化忌，構成羊陀夾煞忌，叫做宅運不好，疾厄宮巨門化祿有引動加鈴星來沖父母宮，父母的夫妻位（兄弟宮有太陽化祿化權）進入引動，父母宮又有哭虛，長輩有難，長輩有多出來或認義父母之象，然後此一大限自己也有稍微發胖的現象。民國57年（戊申年），9歲小限走父母位，引動父母宮，有哭虛，對宮壬的小羊來沖，9歲太歲走本命田宅宮，走到大限的化忌位加大限陀羅位，而那年太歲是戊申年，戊的流羊及天機化忌在父母宮。流年田宅不好，父疾線不好，父親肝癌病逝。

11. 第二大限：14－23歲（壬午大限）

(a) 大限財宮天梁化祿，開始要賺錢，但大限命宮有文星，文曲星在此，學歷線並未中斷，所以叫工讀生。

(b) 大限子女宮武曲化忌欠田宅，一定有搬家的現象，和官祿宮重疊，因為學業而搬家的現象，因為大限祿存也有進入本命遷移宮。

(c) 大限命宮走機巨加煞，不利婚姻，大限夫妻宮太陽化祿，雖有交女友，但被火星沖破，更何況本命夫妻宮武曲化權轉化忌，內外皆凶，絕對叫失戀，不可能結婚。

(d) 本命疾厄宮有大羊進入引動，大限疾厄宮也有本命天相化忌，天相屬水，這個部位是臀部接近下陰部，因此應有濕疹的現象。（結果都對，濕疹很嚴重）

12. 第三大限：24－33歲（癸未大限）

(a) 走紫微運，而且又走殺破狼，破軍又化祿、又加煞，絕對是帶著鋼盔往前衝，而且本命是金四局，大限走截空，金空則鳴，大限財帛武曲化權，大限田宅宮太陰旺地化科引動無煞，開始要置產買房子。

(b) 大限遷移宮天相化忌，本命遷移宮貪狼又化忌，本來趴趴走的個性，這個大限應該變得不喜歡出門了。（他說除了家教課要出去外，都待在家裡）

13. 第四大限：34－43歲（甲申大限）

(a) 大限命遷線雙祿交馳，有賺到錢，但錢都留不住。

(b) 大限田宅宮廉貞化祿，和本命遷移宮重疊，而且大祿有進入大命遷移宮，有遠行讀書之現象。（到美國去遊學）

(c) 大限夫妻宮走機巨加煞，本命夫妻武殺加大羊，婚事絕對無法成立。

(d) 大限疾厄武殺加大羊引動，應有血光開刀之現象，也會沖大限父母，父母身體也要走下坡了。倒是媽媽身體很不好，他說這個大限媽媽就開兩次刀，有糖尿病併發症，裝人工豬腎。

14. 第五大限：44－53歲（乙酉大限）

(a) 大限父母宮有太陰化忌，對宮大羊及火星來沖，長輩有難，尤其是屬於日月的化忌，都跟父母有關。

(b) 大限自己走擎羊（主血光），大羊又進入自己的大限疾厄宮，一定有血光，不然要吃官司（天府加煞）。

(c) 大限祿存進入本命夫妻，大限又走鸞喜對照，大限夫妻宮又有紫微化科，婚事指

日可待，好好把握。

(d) 大限子女宮天機化祿，大限疾厄宮太陽化祿加火星，性事頻繁。（民國94年底結婚）

15. 民國94年（乙酉年）流年運勢：

(a) 94年引動夫官線，雙祿入本命夫妻宮結婚了。

(b) 流年斗君引動本命父母宮，太歲的父母宮太陰化雙忌，長輩有難或自己身體欠安。

(c) 乙酉年太歲走天府加擎羊，又有引動父疾線，也要注意官司的現象。

(d) 小限引動本命福德宮，會煩上述兩項事情（羊陀疊併）。

（他說94年底確實結婚了，媽媽生病很嚴重住院，但沒有掛掉，另一件事情是本命僕役宮太陰化雙忌，被女同事告，不知是為了何事，沒詳細問）

（歡迎購買范老師的紫微斗數高級班 USB 錄影來研習更清楚）

紫微斗數星盤

網址：http://www.fjm.tw

紫七天文 微殺鉞曲 天鳳天天 福閣姚巫 【命宮】喜臨指歲 【丁巳】神官背建 5～14 小限 11	右 弼 天陰旬 官煞空 【父母】飛冠咸晦 【戊午】廉帶池氣 115～124 小限 12	身宮 蜚天台 廉月輔 【福德】奏沐地喪 【己未】書浴煞門 105～114 小限 1	左 輔 孤天 辰馬 【田宅】將長亡貫 【庚申】軍生神索 95～104 小限 2
天天火 機梁星 天寡 喜宿 【兄弟】病帝天病 【丙辰】符旺煞符 15～24 小限 10	（見下方命盤中宮）		廉破文 貞軍昌 祿 龍破 池碎 【官祿】小養將官 【辛酉】耗 星符 85～94 小限 3
天 天 相 魁 三恩封 台光誥 【夫妻】大衰災弔 【乙卯】耗 煞客 25～34 小限 9			天紅天地 傷鸞才空 【僕役】青胎攀小 【壬戌】龍 鞍耗 75～84 小限 4
太巨 陽門 權 【子女】伏病劫天 【甲寅】兵 煞德 35～44 小限 8	武貪擎 曲狼羊 忌 天天 哭刑 【財帛】官死華白 【乙丑】府 蓋虎 45～54 小限 7	天太祿 同陰存 科 天天解地 使壽神劫 【疾厄】博墓息龍 【甲子】士 神德 55～64 小限 6	天 陀鈴 府 羅星 天截八天 虛空座貴 【遷移】力絕歲大 【癸亥】士 驛耗 65～74 小限 5

姓名:學歷命例一 性別:男

國曆:42年6月30日丑時 農曆:42年5月20日丑時

正印	日元	七殺	劫財	主星
辛丑	壬子	戊午	癸巳	八字
辛癸己	癸	己丁	戊庚丙	藏
正劫正 印財官	劫財	正正 官財	七偏偏 殺印財	副星
衰	帝旺	胎	絕	運
白虎 月德合 金輿	龍德 六厄 月破 紅鸞 羊刃 將星 孤鸞	桃花 飛刃 日破	天乙貴人 劫煞	地支神煞
78 庚戌 68 辛亥	58 壬子 48 癸丑	38 甲寅 28 乙卯	18 丙辰 8 丁巳	大運

編號:371

五行：土五局 性屬：陰男 生肖：蛇

命主：武曲 身主：天機

范振木 老師 製作 電話:(02)8521-1998 手機:0909-331395

學歷命例一

1、此命例本命有天鉞、文曲外，又會到官祿宮的文昌等三顆文星，小學時書念得不錯，而且官祿宮又有化祿，讀書用功外，求學也很順利。大限具備之後，再找流年，**民國55年（丙午年）**流羊的前兩位是流昌，進入14歲小限命宮，2600位報考初中聯招的學生中，得到99名的好成績。

2、第二大限（15—24歲）命宮沒有文星，還加火星及大限陀羅非常辛苦，煞星又主衝勁，甚至早上5點起來背英文，但是本命官祿宮被引動文昌化科，文科非常好，廉貞化忌數理非常差，考2年大學都落榜，學歷線中斷。

3、第三大限（25—34歲）大限命宮有天魁，遷移宮有文昌等兩顆文星，考上東吳大學企管系夜間部，大限子女宮化忌欠田宅，遷移宮破軍化祿，離開故鄉來台北工作、念書。**民國67年（戊午年）**流羊的前二位是流昌進入26歲小限命宮，是年考上東吳大學企管系（註：民國66年有考沒上，因為沒有文星入小限命宮），但是大限官祿宮借武曲貪狼化忌，在大學裡被當得一塌糊塗（官祿宮主求學之順

逆，有化忌代表讀書求學不順利）。（想要瞭解學歷線要點怎麼看？歡迎購買范老師的紫微斗數 USB 錄影來研習更清楚）

紫微斗數星盤

網址：http://www.fjm.tw

<table>
<tr>
<td>武破陀
曲軍羅
祿
天天天天天
傷虛刑巫貴
【僕役】官絕歲大
【己巳】府　驛耗
52～61 小限 9</td>
<td>太　祿
陽　存
【遷移】博胎息龍
【庚午】士　神德
62～71 小限 8</td>
<td>天　擎火
府　羊星
天天天
使哭壽
【疾厄】力養華白
【辛未】士　蓋虎
72～81 小限 7</td>
<td>天太 天鈴
機陰 鉞星
身宮
天
馬
【財帛】青長劫天
【壬申】龍生煞德
82～91 小限 6</td>
</tr>
<tr>
<td>天
同
紅三解台旬
鸞台神輔空
【官祿】伏墓攀小
【戊辰】兵　鞍耗
42～51 小限 10</td>
<td colspan="2" rowspan="2">（命盤中宮，見下）</td>
<td>紫貪
微狼
權
天破截天地
官碎空姚劫
【子女】小沐災弔
【癸酉】耗浴煞客
92～101 小限 5</td>
</tr>
<tr>
<td>龍恩
池光
【田宅】大死將官
【丁卯】耗　星符
32～41 小限 11</td>
<td>巨
門
天寡八陰
喜宿座煞
【夫妻】將冠天病
【甲戌】軍帶煞符
102～111 小限 4</td>
</tr>
<tr>
<td>右文
弼曲
忌
天孤天
福辰月
【福德】病病亡貫
【丙寅】符　神索
22～31 小限 12</td>
<td>廉七
貞殺
蜚地
廉空
【父母】喜衰地喪
【丁丑】神　煞門
12～21 小限 1</td>
<td>天　天左文
梁　魁輔昌
科
封
誥
【命宮】飛帝咸晦
【丙子】廉旺池氣
2～11 小限 2</td>
<td>天
相
鳳天
閣才
【兄弟】奏臨指歲
【乙亥】書官背建
112～121 小限 3</td>
</tr>
</table>

姓名學歷命例二　性別:女

國曆:48年10月18日戌時　農曆:48年9月17日戌時

劫財	日元	傷官	七殺	主星
壬戌	**癸酉**	**甲戌**	**己亥**	八字
丁辛戊	辛	丁辛戊	甲壬	藏
偏偏正 財印官	偏印	偏偏正 財印官	傷劫 官財	副星
衰	病	衰	帝旺	運
天喜	天狗 災煞 天醫 將星	天喜	流霞 驛馬 隔角 孤辰	地支神煞

78	68	58	48	38	28	18	8	
壬午	辛巳	庚辰	己卯	戊寅	丁丑	丙子	乙亥	大運

編號:372

五行：水二局　性屬：陰女　生肖：豬

命主：貪狼　身主：天機

范振木 老師　製作

電話:(02)8521-1998

手機:0909-331395

學歷命例二

1、**文命不如文運**，此命造命宮、身宮一共有四顆讀書星，但是大限卻沒有來配合，學歷線沒有想像中那麼高。

2、**第二大限命宮**逢地空不利讀書，大限官祿宮除了本命煞星陀羅外，又來個大限陀羅沖破不利讀書。

3、**第三大限命宮**好死不死來個文曲化忌，而且大限官祿宮又被大限擎羊沖破不利讀書，學歷線只有高職畢業。

4、**其次順便來談身體引動的問題**：

(1) **丁卯大限時**，大限疾厄巨門化忌被引動了，而本命疾厄又被大限擎羊來引動，構成命理所說的大限疾厄宮與本命疾厄宮內外皆凶，凡是大事，大限具備之後，此一大限只要稍微引動疾厄宮就要開刀，一共開了五次大刀，三次剖腹生產，兩次痔瘡。

(2)

戊辰大限時大限疾厄宮天相沒被引動，本命疾厄也沒再被煞星引動，因此民國92年（癸未年）太歲引動本命疾厄宮，且流羊進入本命父母宮，小限走己巳小羊進入本命疾厄，當年本命父疾線一共三羊對沖乍看似乎很嚴重，但是只是被菜刀稍微切到的小傷，因為大限不具備的傷，流年就比較沒有大傷出現，可見大事、大限要具備是多麼重要啊！（想要瞭解學歷線要點怎麼看？歡迎購買范老師的紫微斗數 USB 錄影來研習更清楚）

紫微斗數星盤

網址：http://www.fjm.tw

<table>
<tr>
<td>右
弼

破天天旬
碎才馬空
【命宮】大長劫小
【辛巳】耗生煞耗
4～13 小限 8</td>
<td>天 文
機 曲

天天天八天恩
福哭虛座姚光
【父母】伏沐災大
【壬午】兵浴煞耗
14～23 小限 9</td>
<td>紫破陀天
微軍羅鉞

截
空
【福德】官冠天龍
【癸未】府帶煞德
24～33 小限 10</td>
<td>祿文
存昌

蜚三天台
廉台巫輔
【田宅】博臨指白
【甲申】士官背虎
34～43 小限 11</td>
</tr>
<tr>
<td>太 火
陽 星
祿

龍陰天封
池煞貴誥
【兄弟】病養華官
【庚辰】符 蓋符
114～123 小限 7</td>
<td colspan="2" rowspan="2">姓名:學歷命例三 性別:男
國曆:49年7月17日寅時 農曆:49年6月24日寅時
<table>
<tr><td>偏財</td><td>日元</td><td>正官</td><td>偏財</td><td>主星</td></tr>
<tr><td>庚寅</td><td>丙午</td><td>癸未</td><td>庚子</td><td>八字</td></tr>
<tr><td>戊丙甲</td><td>己丁</td><td>乙丁己</td><td>癸</td><td>藏</td></tr>
<tr><td>食比偏
神肩印</td><td>傷劫
官財</td><td>正劫傷
印財官</td><td>正
官</td><td>副星</td></tr>
<tr><td>長生</td><td>帝旺</td><td>衰</td><td>胎</td><td>運</td></tr>
<tr><td>喪門
學堂
紅豔</td><td>歲破
災煞
天醫
羊刃
將星
六秀日
孤鸞</td><td>龍德
元辰
金輿
流霞</td><td>飛刃
日破</td><td>地支神煞</td></tr>
<tr><td>78 辛卯 / 68 庚寅</td><td>58 己丑 / 48 戊子</td><td>38 丁亥 / 28 丙戌</td><td>18 乙酉 / 8 甲申</td><td>大運</td></tr>
</table>
編號:247
生肖：鼠
性屬：陽男
五行：金四局
身主：火星
命主：武曲
范振木 老師 製作
電話:(02)8521-1998
手機:0909-331395</td>
<td>天 擎左
府 羊輔
身宮

天天地
喜壽空
【官祿】力帝咸天
【乙酉】士旺池德
44～53 小限 12</td>
</tr>
<tr>
<td>武七
曲殺
權

紅天
鸞月
【夫妻】喜胎息貫
【己卯】神 神索
104～113 小限 6</td>
<td>太
陰

天鳳寡
傷閣宿
【僕役】青衰地弔
【丙戌】龍 煞客
54～63 小限 1</td>
</tr>
<tr>
<td>天天
同梁
科

孤天
辰刑
【子女】飛絕歲喪
【戊寅】廉 驛門
94～103 小限 5</td>
<td>天 天
相 魁
忌

地
劫
【財帛】奏墓攀晦
【己丑】書 鞍氣
84～93 小限 4</td>
<td>巨 鈴
門 星

天解
使神
【疾厄】將死將歲
【戊子】軍 星建
74～83 小限 3</td>
<td>廉貪
貞狼

天
官
【遷移】小病亡病
【丁亥】耗 神符
64～73 小限 2</td>
</tr>
</table>

學歷命例三

1、**此命例沒有文命卻有文運**，第二大限命宮有文曲，第三大限命宮有天鉞，第四大限命宮有文昌。學歷線讀到師範大學美術研究所。

2、而且第一大限田宅宮構成羊陀夾忌，家運不好父過世，靠著自己一路苦讀過來。

3、民國57年（戊申年），9歲小限走壬午引動父母宮，又有哭虛來助凶，對宮王的小羊來沖，9歲太歲走本命田宅宮，走到大限的化忌位加大限陀羅位，而那年太歲是戊申年，戊的流羊及天機化忌在本命父母宮。流年田宅不好，父疾線不好，父親肝癌病逝。（想要瞭解學歷線要點怎麼看？歡迎購買范老師的紫微斗數 USB 錄影來研習更清楚）

紫 微 斗 數 星 盤

網址：http://www.fim.tw

<table>
<tr>
<td>武破陀火
曲軍羅星

天
虛
【命宮】力絕歲大
【乙巳】士　驛耗</td>
<td>太　祿鈴
陽　存星

解旬
神空
【父母】博墓息龍
【丙午】士　神德</td>
<td>天　擎
府　羊

天地
哭劫
【福德】官死華白
【丁未】府　蓋虎</td>
<td>天太
機陰
科祿

天天
壽刑
【田宅】伏病劫天
【戊申】兵　煞德</td>
</tr>
<tr>
<td>6～15 小限 5</td>
<td>116～125 小限 6</td>
<td>106～115 小限 7</td>
<td>96～105 小限 8</td>
</tr>
<tr>
<td>天
同
權

紅天陰
鸞才煞
【兄弟】青胎攀小
【甲辰】龍　鞍耗</td>
<td colspan="2" rowspan="5">
姓名:學歷命例四　　性別:男
國曆:37年1月11日申時　　農曆:36年12月1日申時
<table>
<tr><td>劫財</td><td>日元</td><td>偏印</td><td>食神</td><td>主星</td></tr>
<tr><td>甲
申</td><td>乙
未</td><td>癸
丑</td><td>丁
亥</td><td>八字</td></tr>
<tr><td>戊壬庚</td><td>乙丁己</td><td>辛癸己</td><td>甲壬</td><td>藏干</td></tr>
<tr><td>正正正
財印官</td><td>比食偏
肩神財</td><td>七偏偏
殺印財</td><td>劫正
財印</td><td>副星</td></tr>
<tr><td>胎</td><td>養</td><td>衰</td><td>死</td><td>運</td></tr>
<tr><td>福德
劫煞
天乙貴人
紅豔
劫煞
孤辰</td><td>白虎
天德合
月德合
月破
華蓋</td><td>喪門
日破</td><td></td><td>地支神煞</td></tr>
<tr><td>73 乙巳　63 丙午</td><td>53 丁未　43 戊申</td><td>33 己酉　23 庚戌</td><td>13 辛亥　3 壬子</td><td>大運</td></tr>
</table>
編號:524
五行：火六局　性屬：陰男　生肖：豬
命主：武曲　身主：天機
范振木 老師　製作　電話:(02)8521-1998
手機:0909-331395
</td>
<td>紫貪天
微狼鉞
身宮

破
碎
【官祿】大衰災弔
【己酉】耗　煞客</td>
</tr>
<tr>
<td>16～25 小限 4</td>
<td>86～95 小限 9</td>
</tr>
<tr>
<td>左
輔

龍三地
池台空
【夫妻】小養將官
【癸卯】耗　星符</td>
<td>巨
門
忌

天天寡封
傷喜宿誥
【僕役】病帝天病
【庚戌】符旺煞符</td>
</tr>
<tr>
<td>26～35 小限 3</td>
<td>76～85 小限 10</td>
</tr>
<tr>
<td>文
昌

天孤截天台
官辰空月輔
【子女】將長亡貫
【壬寅】軍生神索</td>
<td>天　天右
相　魁弼

天鳳八天天天
福閣座馬巫貴
【遷移】喜臨指歲
【辛亥】神官背建</td>
</tr>
<tr>
<td>36～45 小限 2</td>
<td>46～55 小限 1</td>
<td>56～65 小限 12</td>
<td>66～75 小限 11</td>
</tr>
</table>

廉七貞殺 / 蜚恩廉光 /【財帛】奏沐地喪 /【癸丑】書浴煞門 天文梁曲 / 天天使姚 /【疾厄】飛冠咸晦 /【壬子】廉帶池氣

學歷命例四

1、出生環境的好壞，一定要參考他的田宅宮和父母宮。

2、此命例的田宅宮太陰化祿，天機化科且紫府夾田宅，父母宮廟旺的太陽加祿存，知名企業家的第二代。

3、命宮沒文星，只有身宮有天鉞這顆文星，**民國36年次的人為什麼能夠讀到輔仁大學物理系？乃因有一個好的出生環境（田宅宮）和好的父母宮，父母一定全力資助，給他補習，或聘請家教。**

4、官祿宮主求學之順逆，第一大限官祿宮紫微化科加天鉞讀書很順利，第二大限官祿宮天機化科，又有太陰化祿求學努力又敬業，而且又是紫府夾，所以第二大限讀書也很順利。（想要瞭解學歷線要點怎麼看？歡迎購買范老師的紫微斗數 USB 錄影來研習更清楚）

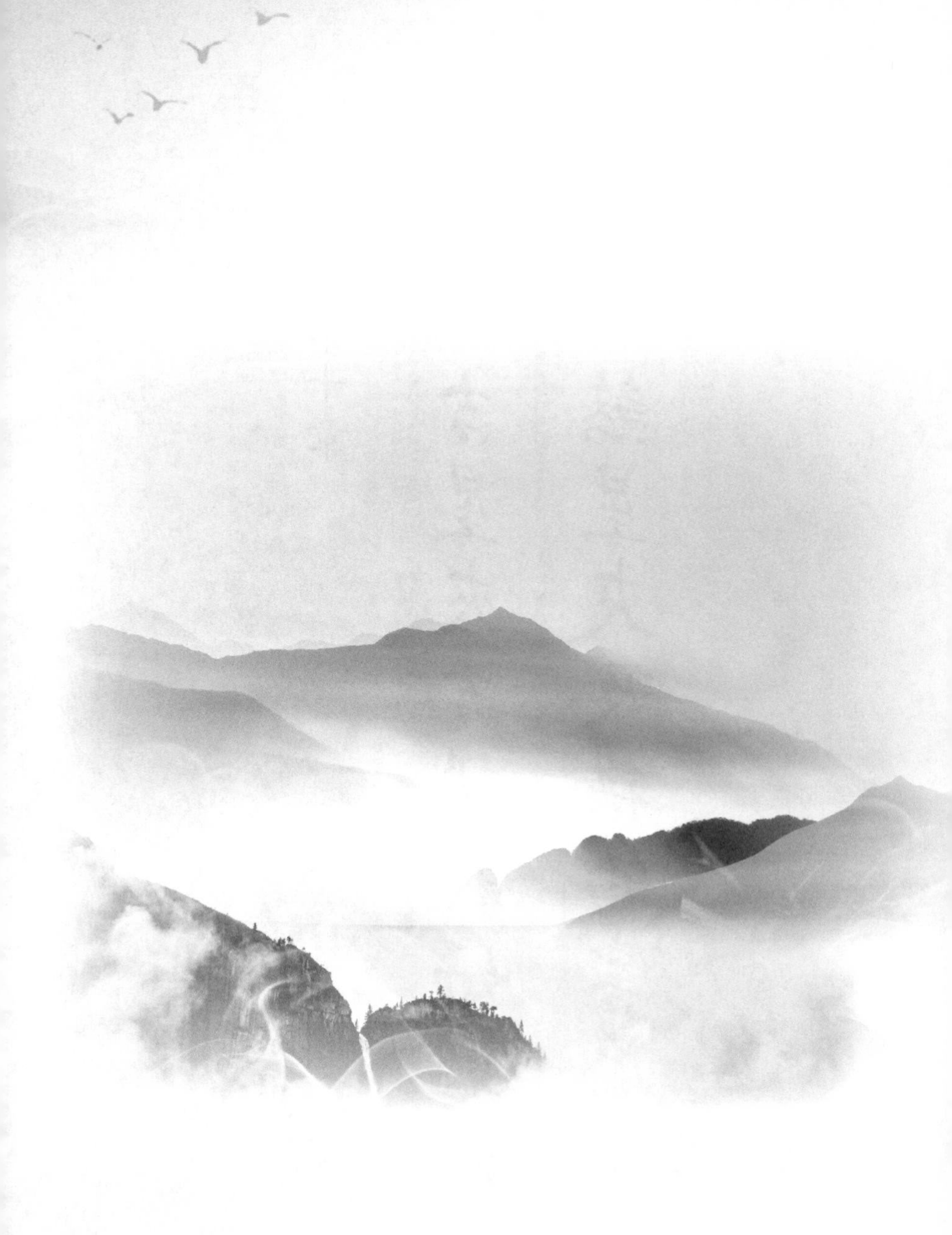

第十章

吉星夾吉拱的好處和煞星夾及拱的害處

紫微斗數星盤

網址：http://www.fjm.tw

天　右 梁　弼 權 天天天 使才馬 【疾厄】伏臨歲弔 【辛巳】兵官驛客 55～64 小限 5	七　火 殺　星 截天 空姚 【財帛】大冠息病 【壬午】耗帶神符 45～54 小限 6	鈴 星 【子女】病沐華歲 【癸未】符浴蓋建 35～44 小限 7	廉　天 貞　鉞 天紅孤天地 福鸞辰巫劫 【夫妻】喜長劫晦 【甲申】神生煞氣 25～34 小限 8
紫天 擎 微相 羊 科 身宮 天寡陰旬 官宿煞空 【遷移】官帝攀天 【庚辰】府旺鞍德 65～74 小限 4			左 輔 【兄弟】飛養災喪 【乙酉】廉　煞門 15～24 小限 9
天巨 祿 機門 存 祿 天鳳蜚八天台 傷閣廉座月輔 【僕役】博衰將白 【己卯】士　星虎 75～84 小限 3			破 軍 【命宮】奏胎天貫 【丙戌】書　煞索 5～14 小限 10
貪　陀 狼　羅 天天恩天地 喜刑光貴空 【官祿】力病亡龍 【戊寅】士　神德 85～94 小限 2	太太 文文 陽陰 昌曲 忌 天破 虛碎 【田宅】青死地大 【己丑】龍　煞耗 95～104 小限 1	武天 天 曲府 魁 解 神 【福德】小墓咸小 【戊子】耗　池耗 105～114 小限 12	天 同 天龍天三封 哭池壽台誥 【父母】將絕指官 【丁亥】軍　背符 115～124 小限 11

姓名:破軍戌位命例　　性別:男

國曆:44年8月2日酉時　　農曆:44年6月15日酉時

比肩	日元	偏印	比肩	主星
乙酉	乙未	癸未	乙未	八字
辛	乙丁己	乙丁己	乙丁己	藏干
七殺	比食偏 肩神財	比食偏 肩神財	比食偏 肩神財	副星
絕	養	養	養	運
喪門 災煞 血刃 隔角	伏吟 華蓋	伏吟 華蓋	華蓋	地支神煞

79	69	59	49	39	29	19	9	
乙亥	丙子	丁丑	戊寅	己卯	庚辰	辛巳	壬午	大運

編號:20

五行：土五局　性屬：陰男　生肖：羊

命主：祿存　身主：天相

范振木 老師　製作　電話:(02)8521-1998　手機:0909-331395

破軍戌位命例解說

生辰：男命 農曆44年6月15日酉時（西元1955年）

命格：

1、楊湘波先生破軍戌位坐命位在天羅地網的位置，一生阻礙頗多，常有力不從心、有志難伸之感。經常會想憑我某某怎麼只混到這麼一點小成就。

2、身宮附著在遷移宮，個性愛趴趴走，而且絕對要遠離出生地才有發展，因為遷移宮紫微化科代表年長的貴人，且遷移宮有魁鉞日夜貴人來拱，雖然有擎羊，但是擎羊在此是旺地無妨，可以講在外較奔波勞祿。適合做貿易外銷。

3、事實上配合他本命田宅宮有忌星搬家頻繁，遷移宮紫微化科，第二大限就離開故鄉出外讀書發展了。

4、破軍的喜新厭舊，不喜受約束，個性熱心雞婆，喜刺激冒險的特性皆有。年輕時開車時速在高速公路都是140－150，也喜歡坐雲霄飛車。但現在受到身宮紫相

的影響，比較收斂了。破軍易翻臉。

5、夫官線空劫對照，兩個宮位皆受傷，事業變動大，至今也還未結婚，再參看本命子女宮煞星單守，對宮忌欠，更可反推未結婚。

6、財帛宮逢空又有七殺、火星花錢大方。雙煞雙空拱命，對宮擎羊，一生起伏大。

7、子女宮煞星單守，疾厄宮有化權，位武曲天府的組合，天賦異稟。

8、雙祿在僕役宮，對朋友好之外，朋友也多，但機巨的組合對自己幫助並不大，只有付出的份。

9、從田宅宮、福德宮、父母宮來看，出身還不錯，是中部旺族。

10、**第二大限**：15－24歲走乙酉大限，遷移宮化祿愛趴趴走之外，本命田宅化忌動到遠離故鄉，出外讀書，第二大限官祿宮太陰化雙忌，書念得不順，重考兩次，但是旁邊有昌曲，有考到國立大學。

11、**第三大限**：25－34歲走甲申大限，走廉貞化祿加紅鸞，配合那時子女宮天梁化權，

疾厄宮化祿加祿存，性事頻繁，引動本命夫妻，但是大限夫妻宮太差而沒結婚，這個大限僕役宮太陽太陰化雙忌和朋友有過節。

12、**第四大限：**35－44歲走癸未，本身走鈴星煞星單守，大限疾厄貪狼化忌加陀羅，身體不好，有脂肪肝，但財運還不錯，天機化祿加祿存。田宅宮破軍化祿有買房子。

13、**第五大限：**45－54歲走壬午，走七殺加火星，下五年絕對慘兮兮，雙陀拱大限，對宮又有煞忌來沖，他說非常不如意，官祿宮陀羅工作沒進展，此運幸虧田宅宮天機化祿，庫還在，不然早就跑路了。

紫微斗數星盤

網址：http://www.fjm.tw

<table>
<tr>
<td>廉貪
貞狼
祿

天孤天天天
喜辰才刑巫
【官祿】大臨劫晦
【己巳】耗官煞氣
82～91 小限 6</td>
<td>巨
門

天鳳蜚
傷閣廉
【僕役】病冠災喪
【庚午】符帶煞門
72～81 小限 5</td>
<td>天　天鈴
相　鉞星
身宮
天
官
【遷移】喜沐天貫
【辛未】神浴煞索
62～71 小限 4</td>
<td>天天
同梁

天龍截天地
使池空馬劫
【疾厄】飛長指官
【壬申】廉生背符
52～61 小限 3</td>
</tr>
<tr>
<td>太
陰

解
神
【田宅】伏帝華歲
【戊辰】兵旺蓋建
92～101 小限 7</td>
<td colspan="2" rowspan="2">姓名:紫破丑宮命例　性別:女
國曆:53年10月6日酉時　農曆:53年9月1日酉時
編號:264
五行：水二局　性屬：陽女　生肖：龍
命主：巨門　身主：文昌
（見下表）
范振木 老師　製作
電話:(02)8521-1998
手機:0909-331395</td>
<td>武七
曲殺

天天
福姚
【財帛】奏養咸小
【癸酉】書　池耗
42～51 小限 2</td>
</tr>
<tr>
<td>天　擎
府　羊

台旬
輔空
【福德】官衰息病
【丁卯】府　神符
102～111 小限 8</td>
<td>太
陽
忌

天陰
虛煞
【子女】將胎地大
【甲戌】軍　煞耗
32～41 小限 1</td>
</tr>
<tr>
<td>祿右
存弼

天八天地
哭座月空
【父母】博病歲弔
【丙寅】士　驛客
112～121 小限 9</td>
<td>紫破陀天文文
微軍羅魁昌曲
權　科

寡破
宿碎
【命宮】力死攀天
【丁丑】士　鞍德
2～11 小限 10</td>
<td>天　左
機　輔

三恩天
台光貴
【兄弟】青墓將白
【丙子】龍　星虎
12～21 小限 11</td>
<td>火
星

紅天封
鸞壽誥
【夫妻】小絕亡龍
【乙亥】耗　神德
22～31 小限 12</td>
</tr>
</table>

主星	七殺	正財	日元	傷官
八字	甲辰	癸酉	戊子	辛酉
藏	癸乙戊	辛	癸	辛
副星	正正比 財官肩	傷官	正財	傷官
運	冠帶	死	胎	死
地支神煞	紅鸞 華蓋	桃花 桃花	金匱 白虎 飛刃 將星 六秀日	桃花 桃花 外桃花

大運	11	21	31	41	51	61	71	81
	壬申	辛未	庚午	己巳	戊辰	丁卯	丙寅	乙丑

紫破丑宮命例解說

生辰：女命　農曆53年9月1日酉時（西元1964年）

1、林梓香小姐紫微坐命的女命外表端莊，氣質高雅，喜幻想，喜歡浪漫氣氛的環境。

2、破軍個性熱心雞婆，加上天魁日貴人，以及身宮天相天鉞，簡直是熱心加三級。

3、破軍化權坐命代表掌權，有領導的才華，但也代表個性鴨霸，破軍坐命喜歡刺激、冒險，例如開快車、坐雲霄飛車。（她說會，尤其年輕時，現在比較不敢了，可能身宮天相發揮出來了，後天的力量40歲以後發揮）

4、破軍坐命，絕對奉行25孝，要不然子女少或單一性別。照命理來判斷子女宮太陽化忌不容易生男，更何況本命子女宮宮干甲戌，太陽自化忌（紫微破軍皆屬北斗系列女命頭胎易生女）。（她說她非常疼愛子女，生了兩個女兒）

5、文昌文曲坐命，人斯文，有氣質，口才好，書念得不錯，但昌曲同宮講話有過頭的現象。（她說他是北一女畢業，只填台大商學院幾個科系）

6、陀羅坐命個性比較會拖延，也主對打球有專長或興趣。（她說沒錯，一上手就會，如高爾夫球）

7、天相是重穿的星座，挑吃、挑穿的個性皆有，鈴星與人衝突會生悶氣。命身的組合是紫相，主話多，身材也不錯，是個衣架子，所以也是紫相級，為人好相處，且帶有幽默感。

8、身宮附著在遷移宮個性愛趴趴走，第三大限遷移宮廉貞化祿，第四大限命宮太陽化忌欠遷移。（她說沒有錯，第二大限19歲左右到美國念書、工作，定居美國了）

9、二祿一忌看心態，化祿入官祿宮事業心重，更何況命宮紫微坐守，紫微是官祿主，事業心重，而且福德宮有煞，老來不得閒，閒不住的人（目前在高科技上班）。祿存入父母宮對父母好，但紫破加煞父疾一線空劫對照，孝而不順。子女宮化忌，子女有損，化忌欠田宅住所異動頻繁。（她說子女有損過，沒錯常搬家）

10、父疾一線空劫對照，兩個宮位皆受傷，田宅宮太陰落陷，出生環境不好。身體不好，腸胃差，命宮有陀羅，身宮有鈴星，皮膚不好容易生瘡，尤其第二大限一定

會長青春痘。（她說都沒錯，爸爸開一家小型工廠，她有兄弟姊妹11人，食指浩繁，出生環境不好）

11、夫妻宮火星單守無制，婚姻很糟糕（她說沒錯，尤其剛結婚時，現在稍好）。我說現在夫妻宮是鈴星，改生悶氣，隨運勢會改變。

12、第一大限（丁丑大限）：2－11歲

1、田宅宮太陰化祿必搬家。

2、疾厄宮天同化權有發胖的現象。

3、僕役宮巨門化忌與同學有過節。

13、第二大限（丙子大限）：12－21歲

1、財帛宮天同化祿，開始賺錢，有打工的現象。（她說這個大限父親經濟比較寬裕）

2、本命官祿廉貞化忌，大限官祿太陰加大陀，學歷有中斷過之現象，因為官祿宮主求學之順逆，但是本命命宮文昌又有化科引動，書念得還是不錯。（她說沒錯，

她北一女畢業，但很自負，考大學時只填台大商學院的幾個熱門科系而已，非台大不讀，結果只差幾分，高分落榜，後來直接去美國念大學）

3、這個大限走天機，天機屬木代表肝功能，疾厄宮有鈴星屬火，又是青春期，再參看本命的體質，應該會長青春痘。

14、第三大限（乙亥大限）：22－31歲

1、大限子田線天梁化權，本命子田線雙忌對照，住所異動，而大限遷移廉貞化祿，這個大限應有出國之象，若留在國內是火星單守非常不好。

15、第四大限（甲戌大限）：32－41歲

1、走太陽化忌欠遷移，田宅宮化雙權住所絕對異動，大限命遷又是日月辰戌位，我們的術語叫出國勤，仍然在國外，都已經定居在國外了。

2、這個大限疾厄宮廉貞化雙祿，絕對發胖，她說生完小孩，胖了10到20公斤。

3、這個大限命宮太陽化雙忌，不利老爸，且父母宮又是火星單守，尤其是和爸爸關

係火爆，溝通不良，且大限會哭虛，爸爸應有過世之象。沒錯，和爸爸意見不合，大運正在交接時，民國93年「甲申年」農曆6月爸爸去世。
你看甲申年，太歲在疾厄宮，引動父疾線，甲己之年起丙寅，歲首也引動本命父母宮，且那年子女宮太陽化三忌在子田線上，是年家運不好父過世。

4、這個大限太陽化雙忌是戌位還加陰煞，一定會腰痠，也是本命子女宮太陽化雙忌，子女必損。（她說沒錯，生完孩子就腰痠，且有一子不到一個月就流產。她補充說這個大限有置產，房子兩棟，夫婦連名，且房子很漂亮，文曲化雙科，裝潢得很漂亮）

16、第五大限（癸酉大限）：42－51歲

1、大限官祿破軍化權化祿，本命官祿貪狼化忌，工作異動，大限走殺破狼宜守，尤其七殺的後五年更要謹慎，因為大限的財帛宮貪狼化忌和本命的官祿宮重疊，貪狼化忌慎防投資失敗。

2、此一大限有雙職並存之象。

3、疾厄宮太陰化科，會去護膚美容（大限又走天姚之故）。

4、大限子田線權祿交馳，會想置產。

17、民國95年（丙戌年）

1、引動子田線雙陀，流年宮干丙引動父母宮，家運不好，再看小限走戊辰，小限的父母宮有大限的貪狼化忌，及太歲的廉貞化忌，長輩有難（她說媽媽病重，恐怕熬不過了，現在住院）

2、雙羊及歲首庚引動僕役宮，丙的宮干引動兄弟宮，嚴重犯小人。（和小叔吵架沒講話了）

3、本命官祿宮化雙忌工作不順。

紫微斗數星盤

網址：http://www.fjm.tw

天鈴 鉞星 天孤蜚破 福辰廉碎 【命宮】奏絕歲喪 【丁巳】書 驛門 5～14 小限 9	天 機 天天解陰地 官喜神煞劫 【父母】飛胎息貫 【戊午】廉 神索 15～24 小限 8	紫破 微軍 祿 身宮 龍鳳三八天恩 池閣台座刑光 【福德】喜養華官 【己未】神 蓋符 25～34 小限 7	天 才 【田宅】病長劫小 【庚申】符生煞耗 35～44 小限 6
太 火 陽 星 地旬 空空 【兄弟】將墓攀晦 【丙辰】軍 鞍氣 115～124 小限 10	姓名:天鉞鈴星巳位	性別:女	天 府 天封 虛誥 【官祿】大沐災大 【辛酉】耗浴煞耗 45～54 小限 5
武七 天文 曲殺 魁昌 天天 哭貴 【夫妻】小死將歲 【乙卯】耗 星建 105～114 小限 11	范振木 老師 製作	電話:(02)8521-1998 手機:0909-331395	太 陰 科 天天天 傷壽月 【僕役】伏冠天龍 【壬戌】兵帶煞德 55～64 小限 4
天天 左 同梁 輔 天天 馬巫 【子女】青病亡病 【甲寅】龍 神符 95～104 小限 12	天 擎 相 羊 寡台 宿輔 【財帛】力衰地弔 【乙丑】士 煞客 85～94 小限 1	巨 祿右 門 存弼 權 天紅 使鸞 【疾厄】博帝咸天 【甲子】士旺池德 75～84 小限 2	廉貪 陀文 貞狼 羅曲 忌 截天 空姚 【遷移】官臨指白 【癸亥】府官背虎 65～74 小限 3

國曆:52年12月21日未時　農曆:52年11月6日未時

劫財	日元	七殺	正財	主星
己未	戊戌	甲子	癸卯	八字
乙丁己	丁辛戊	癸	乙	藏
正正劫 官印財	正傷比 印官肩	正 財	正 官	副星
衰	墓	胎	沐浴	運
五鬼 血刃 天乙貴人 金輿 寡宿	龍德 元辰 墓庫 華蓋 魁罡	紅鸞 福德 桃花 飛刃 血刃 隔角	沐浴 桃花	地支神煞

76	66	56	46	36	26	16	6	大運
壬申	辛未	庚午	己巳	戊辰	丁卯	丙寅	乙丑	

編號:383

五行：土五局　性屬：陰女　生肖：兔

命主：武曲　身主：天同

天鉞鈴星巳位命例解說

生辰：女命 農曆52年11月6日未時（西元1963年）

1、林悅小姐鈴星單守坐命長相艷麗，與人衝突時會生悶氣，鈴星也主皮膚不好易過敏。煞星單守百分之八十以上都長得很艷麗。煞星長相沒有一定的特徵，但是煞星單守無制不是刑剋自己，就是六親位有人要倒楣了，2歲父死，14歲母死。天鉞坐命主為人非常熱心。

2、身宮附著在福德宮，主懂得享受。有口福（化祿的關係），有龍池鳳閣喜華麗衣服裝扮。

3、紫微不會左右，變成破軍在主導，紫微幫助破軍，變成霸道不通情理。破軍的人翻臉像翻書一樣，喜歡刺激等特性皆有，據她所說開車速度不快不過癮，去觀光景點玩水上摩托車速度飆到底，身宮破軍加命宮的鈴星脾氣是非常的倔強。

4、命身宮有會天姚、文曲有異性緣。

5、二祿一忌看一個人的心態，第一化祿入福德宮，懂享受，第二祿存入疾厄宮，懂得愛護身體，第三化忌入遷移宮，不懂得也不會去重視經營人際關係，化忌欠命宮，為人較自私。

6、紫微不會左右不主貴，天府不會祿不主富，都要扣分。

7、命宮會三煞加一忌，且命宮空劫夾，這個府相拱沒什麼用了，府相拱一個煞星，意思是大家挺妳，妳卻不好好把握珍惜。

8、破軍坐身宮奉行25孝。

第一大限（丁巳大限）：5－14歲

1、走丁巳大限，鈴星加大限陀羅，對宮貪狼化忌加陀羅，以前有提過，廉貪巳亥位叫絕處逢生，不行加煞，一加煞就叫粉身碎骨，要不然就是有重大意外，所以這張命盤童限的命遷一線極為凶險，疾厄宮又是巨門化忌，因此幼稚園中班出過意外，眼睛和眉毛之間至今還有縫過的疤痕。其次是小學三年級又一次意外，傷及

額頭，也有一道縫過的疤痕，這些都屬於「破相延生」，此外她說小時候支氣管不好，巨門化忌在子午位的疾厄宮叫支氣管不好或甲狀腺之疾。煞星單守無制坐命，對自己和六親都有刑剋。

2、此外14歲時小限引動父疾線，小限走疾厄宮，走到大限的化忌位，化忌欠父母，再看小限之父母宮有擎羊加小陀，對宮又一隻大羊來沖，是年媽媽去世。

3、空劫夾命叫被迫出走，兩邊無靠，被夾那個宮位就倒楣了，童限田宅宮天同化權也引動了，父母親一去世，孤苦無依，由親戚帶大，故田宅宮化權主雙住所，住所異動。

4、僕役宮太陰化祿化科，童年的玩伴還滿多，且相處還不錯。

第二大限（戊午大限）：15－24歲

1、**走戊午大限**，天機化忌加大羊進入，天機是動星化忌加大羊意外難免，也出一次大意外。更何況大限疾厄宮又有本命擎羊。

2、大限官祿宮太陰化權，化權叫做要就業了，化權動到大限官祿位，所以高職一畢業就開始上班工作了，屬於女士成衣方面的公司，官祿宮日月對照，生意不錯，有常加班之現象，日月對照叫日月並行之財。

3、夫妻宮太陽、火星、地空以及大陀進入，高一下交男友，高三感情受挫分手，所以此一大限婚姻當然沒結果。徒留一分悵惘及落寞，但見淚痕濕，不知心恨誰？

4、此一大限命宮天機化忌欠遷移，對宮有祿存巨門化權加右弼化科，在家待不住，此外本命遷移宮貪狼化忌轉成化祿，忌轉祿，更是整天趴趴走，不見人影。這也是大限的僕役宮，交一堆損友，成天鬼混。本命僕役宮也是太陰化科化權，化權在僕役宮，叫做朋友唯她馬首是瞻，大家都聽她的，她帶頭玩。

第三大限（己未大限）：25－34歲

1、己未大限，大限命宮走紫微破軍加大羊進入，此一大限很拼，大限財宮武曲化祿，大限命宮有暗祿（天機加大限祿存），明祿暗祿皆有，財運表現不錯，每年幾乎

都有工作獎金。

2、庫位也不錯，從小時候得自遺產開始，歷經第一、第二大限一直到第三大限，分別是同梁、天府、太陰的庫位無煞沖，庫都存在。

3、此一大限有引動本命的夫妻宮武曲化祿，民國81年（壬申）國曆12月結婚，是年流鸞進入本命身宮，30歲太歲為壬申年引動田宅宮天梁化祿，30歲小限庚申也走田宅住所異動，結婚嫁到男方家，住所也異動。

4、這個大限子女宮太陽加火星地空坐守，25歲到30歲之間墮胎兩次。本命子女宮天同、天梁化科去引動它了，31歲生一個女兒，35歲生一個兒子。

5、其實這個大限命遷線雙羊對照，也引動本命遷移宮煞忌交馳，意外難免。

第四大限（庚申大限）：35－44歲

1、庚申大限，大限命宮祿存單守，構成羊陀夾，凡是祿存單守皆構成羊陀夾，會很累，左右無靠。

2、大限的財宮雖然太陽化祿有所表現，但是加火星，又逢空，錢留不住，錢到手成空，一定有它的因素。本命的財宮天相化忌加擎羊也去動到它了，和大限僕役宮重疊，老公幫人背書保證，連累到她，讓她也受到波及而破財。

3、再看這個大限的庫位廉貪化忌加煞，庫位破了，所以房子是媽媽留給她的，也賣了。全盤去看這個運也真爛，命宮羊陀夾，財宮出事，再過來就影響庫位（田宅宮），一定要全盤去看。

4、這個大限遷移宮天同化科，在外的人緣倒是相當不錯。

最後我們來探討民國92年（癸未年）引動宮位：

1、夫官線（小限）

2、財福線（太歲）

3、兄僕線（斗君）

4、命遷線（癸）流年宮干

5、父疾線（甲）流年歲首

6、子田線（甲）流年歲首

7、財福線（雙羊）

8、命遷線（雙陀）

9、財福線（羊陀）

10、命遷線（雙忌）

從以上的流年引動宮位來看，還是以我自己常用的流年三口訣來研判：

第一、引動什麼宮位

第二、引動有吉凶

第三、將引動的各宮位加以融入來看就知道大致會發生什麼事：

1、**41歲小限**走到大限的擎羊位引動了本命官祿宮，再看小限的官祿宮有本命羊、流

羊以及大限的天相化忌，事業很不順。**41歲太歲**走癸未，走到大限的陀羅位引動了福德宮叫做煩。引動夫官線而且又引動財福線，事業上碰到了瓶頸，一直想換工作，但是做了二十年的工作又捨不得丟掉，非常的煩。

2、其次老公有外遇，憤而幾次離家出走，但是又回來。

3、而且幾年前老公為人背書保證，出事都未解決，都讓她心力交瘁。

紫微斗數星盤

網址：http://www.fjm.tw

祿存 破天天恩 碎姚巫光 【田宅】博絕劫小 【丁巳】士　煞耗 32～41 小限 8	天機忌　擎羊　右弼　文昌科　火星 天天八陰封 哭虛座煞誥 【官祿】力胎災大 【戊午】士　煞耗 42～51 小限 9	紫微　破軍　天鉞 天天天地旬 傷月貴空空 【僕役】青養天龍 【己未】龍　煞德 52～61 小限 10	左輔　文曲 蜚三天 廉台馬 【遷移】小長指白 【庚申】耗生背虎 62～71 小限 11
太陽　陀羅 龍池 【福德】官墓華官 【丙辰】府　蓋符 22～31 小限 7	（見下方命盤資料）	（見下方命盤資料）	天府 天天 使喜 【疾厄】將沐咸天 【辛酉】軍浴池德 72～81 小限 12
武曲　七殺 天天紅地 官福鸞劫 【父母】伏死息貫 【乙卯】兵　神索 12～21 小限 6	（見下方命盤資料）	（見下方命盤資料）	太陰權　身宮 鳳寡天截台 閣宿壽空輔 【財帛】奏冠地弔 【壬戌】書帶煞客 82～91 小限 1
天同　天梁　鈴星 孤天 辰才 【命宮】大病歲喪 【甲寅】耗　驛門 2～11 小限 5	天相　天魁 天刑 【兄弟】病衰攀晦 【乙丑】符　鞍氣 112～121 小限 4	巨門 解神 【夫妻】喜帝將歲 【甲子】神旺星建 102～111 小限 3	廉貞　貪狼祿 【子女】飛臨亡病 【癸亥】廉官神符 92～101 小限 2

姓名:同梁鈴寅位命例　性別:男

國曆:37年6月19日辰時　農曆:37年5月13日辰時

主星	正官	日元	正財	正財
八字	庚辰	乙亥	戊午	戊子
藏	癸乙戊	甲壬	己丁	癸
副星	偏比正 印肩財	劫正 財印	偏食 財神	偏印
運	冠帶	死	長生	病
地支神煞	五鬼 羊刃 魁罡	天德貴人 血刃 福星貴 十靈日	歲破 災煞 文昌 學堂	月破 天乙貴人 桃花

大運	77	67	57	47	37	27	17	7
	丙寅	乙丑	甲子	癸亥	壬戌	辛酉	庚申	己未

編號:866

生肖：鼠　性屬：陽男　五行：水二局

身主：火星　命主：祿存

范振木 老師　製作　電話:(02)8521-1998　手機:0909-331395

天同天梁鈴星寅宮命例解說

生辰：男命 農曆37年5月13日辰時（西元1948年）

命格：

1、林同梁父母的家世都不錯，很有錢，老爸是黃埔軍校畢業，祖父清朝做過官員。武殺屬金是將星，爸爸是軍人合乎命理。

2、同梁的長相天庭高，額頭高，中年頭髮像潮水般向後退，個性穩重深沉。身宮有太陰超有女人緣。

3、但是夫官線機巨不利婚姻，而且煞忌，結婚又離婚，一生事業不穩定。

4、空劫拱子女，沒生小孩，只認養一個男孩。

第一大限（甲寅大限）：2－11歲

1、大限子田線廉貞化祿被引動，遷移宮文曲化科也被引動，遠方有貴人。民國38年隨父母來台（老爸是軍官）。

2、父母宮有武殺加擎羊，此人頑皮，小時常挨揍。擎羊在六親位叫相處不好，主衝突。

第二大限（乙卯大限）：12－21歲

1、大限田宅宮天機化祿被引動和本命官祿重疊，第二大限到國外去讀書，和父母造成聚少離多，因為他有點在混黑社會，爸爸要他離開這個環境免得被汙染。

2、幸虧和父母造成聚少離多，不然父母之一就要死一個了，因為大限父母羊陀疊併對宮化忌欠父母之故。這個大限初中愛玩，常被爸爸修理。

第三大限（丙辰大限）：22－31歲

1、大限夫妻宮天同化祿被引動，結婚了，但是沒生小孩。

第四大限（丁巳大限）：32－41歲

1、本命夫官線雙忌交馳，離婚了。這也是大限父疾線被引動了，民國77年（戊辰年）

大限父母宮天機化雙忌加雙羊，父親去世。我認為小限已過宮至42歲（民國77年8月之後）引動本命父母宮大限算足歲仍然在丁巳大限。

第五大限（戊午大限）：42－51歲

大限命遷線天機化雙忌加雙羊，一定非常辛苦，而且必定發生過車禍。大限僕役宮貪狼化雙祿，一定交到很多吃吃喝喝的酒肉朋友。

第六大限（己未大限）：52－61歲

1、財宮武曲化祿，官祿宮貪狼化祿、化權等於是這個大限雙祿拱命，權祿拱命，而且這個大限財福線，天府庫星會祿，這個大限財產已上億。

2、這個大限會空劫，命宮有擎羊，父疾線煞忌，身體要出狀況了，果不其然，民國97年（戊子年）太歲命遷線天機化忌加雙羊，發生一個大車禍，賓士560撞得稀巴爛。

3、大限擎羊入大限命宮除了受傷之外，也代表戴著鋼盔往前衝，很辛苦。

第七大限（庚申大限）：62－71歲

1、大限命宮祿馬交馳，田宅宮貪狼化祿（庫位），財帛宮太陽化祿，這個大限財運相當不錯，財產已快兩億。

2、有人問：大限財宮太陽化祿加陀羅怎麼解釋？我說太陽化祿賺十元，加陀羅我花三元，還有七元，各位要知道他已是60幾歲的人，他會不懂得享受嗎？更何況他命宮有天同，身宮有太陰。

3、這個大限兄僕線不好，天相化忌不能幫人背書保證。

第八大限（辛酉大限）：72－81歲

1、走天府加祿存，遷移宮武曲化科，科祿交馳，名利雙收，而大限田宅宮又有巨門化祿，庫位又不錯，一定有搞頭。而且大限財福線雙祿交馳更不得了，但是大限父疾線羊陀疊併，身體一定會出狀況，老年人很怕疾厄宮被引動。

紫微斗數星盤

網址：http://www.fim.tw

天　文 梁　曲 天天天龍截天 使福哭池空馬 【疾厄】將病指官 【癸巳】軍　背符 53～62 小限 11	七　天 殺　魁 天天恩 刑月光 【財帛】小衰咸小 【甲午】耗　池耗 43～52 小限 12	天台 虛輔 【子女】青帝地大 【乙未】龍旺煞耗 33～42 小限 1	廉　陀 貞　羅 天天陰 喜巫煞 【夫妻】力臨亡龍 【丙申】士官神德 23～32 小限 2
紫天 火 微相 星 解旬 神空 【遷移】奏死天貫 【壬辰】書　煞索 63～72 小限 10	(命盤資料，見下)		祿文 存昌 忌 天鳳蜚 官閣廉 【兄弟】博冠將白 【丁酉】士帶星虎 13～22 小限 3
天巨 機門 祿 天八封 傷座誥 【僕役】飛墓災喪 【辛卯】廉　煞門 73～82 小限 9			破　擎 軍　羊 寡天地 宿姚空 【命宮】官沐攀天 【戊戌】府浴鞍德 3～12 小限 4
貪　天 狼　鉞 紅孤天 鸞辰貴 【官祿】喜絕劫晦 【庚寅】神　煞氣 83～92 小限 8	太太 左右 陽陰 輔弼 權 破天 碎壽 【田宅】病胎華歲 【辛丑】符　蓋建 93～102 小限 7	武天 曲府 科 身宮 地 劫 【福德】大養息病 【庚子】耗　神符 103～112 小限 6	天　鈴 同　星 天三 才台 【父母】伏長歲弔 【己亥】兵生驛客 113～122 小限 5

姓名:破軍擎羊戌位命　性別:男

國曆:50年11月18日丑時　農曆:50年10月11日丑時

主星	食神	日元	偏財	七殺
八字	丁丑	乙卯	己亥	辛丑
藏	辛癸己	乙	甲壬	辛癸己
副星	七殺偏印偏財	比肩	劫財正印	七殺偏印偏財
運	衰	臨官	死	衰
地支神煞	伏吟 寡宿	喪門 災煞 天德貴人 祿神 將星	天狗 月德合 血刃	寡宿

大運	74	64	54	44	34	24	14	4
	辛卯	壬辰	癸巳	甲午	乙未	丙申	丁酉	戊戌

編號:183

五行：木三局　性屬：陰男　生肖：牛

命主：祿存　身主：天相

范振木 老師　製作　電話:(02)8521-1998　手機:0909-331395

破軍擎羊戌位命例解說

生辰：男命 農曆50年10月11日丑時（西元1961年）

1、楊輔武先生這張命盤乍看之下，好像爛命一條，破軍加擎羊坐命加地空，身宮有武曲化科天府加地劫，沒有錯我們紫微有一個條文這麼寫「生逢空劫不宜富貴」，意思是命身空劫各佔其一，主一生勞心勞碌，切忌大富大貴之命，例如之前劉邦友命盤就是命身空劫各佔其一，大富大貴反而早死。

2、但是這張命盤破軍加擎羊逢地空，我認為反而好，不好的星座給它逢空，缺點反而暗藏，不會讓這個破軍加擎羊為所欲為。不然這個破軍或七殺是專依羊鈴為虐，是非常糟糕的。至少逢空會降低它的殺傷力。若武曲天府來逢地空，那就虧大了。

3、破軍的特性喜歡刺激、冒險、愛開快車，喜歡坐雲霄飛車，這些特性還是照論。

4、身宮和福德宮同宮懂享受，有口福，還是要論，只是有地劫在福德宮，勞心勞力

還是要論。

5、但是還是老話一句，本人爛或不爛另外一回事，有沒有看到辛年生人，六辛逢馬虎、魁鉞兩貴人星分別由財帛宮和官祿宮來拱命宮，助力相當大，命遷一線較差。

6、此外另外一個很大的優點很容易忽略，你看他的田宅宮沒有煞，日月坐守還化權又加左右來幫它，成立了命理上所說的「日月照壁格」，再看看福德宮祖父母的宮位是武曲化科天府坐守。

7、據他說以前他祖父時代捐獻很多土地給國家蓋學校，有些變賣，你就知道祖父那一代滿富有的。我一再強調本命田宅宮和福德宮、父母宮，是看你出生的環境，出生環境不錯，就可以非常省力。

8、父母宮三方四正會出去是機月同梁格，所以是公務員的機率相當高。

9、截至目前為止他還是沒有自己的房子，目前住在台北市鬧區，一樓至七樓都是父母的，兄弟姊妹各住一層，約50坪左右。

10、自己破軍加擎羊坐命，僕役宮是機巨，還是稍微有混過黑道。命宮暗合未有巨門化祿構成暗祿，這輩子得自朋友幫助不少。

11、第一大限破軍加擎羊，第二大限好死不死又來個文昌化忌，他老實跟我說自己不愛讀書，勉強混到工專畢業，還是四周同學把答案給他看，才勉強畢業的。

第三大限（丙申大限）：23－32歲

1、丙申大限，他說他29歲結婚，這個大限夫妻宮是七殺加擎羊，本命的夫妻宮是廉貞化忌加陀羅，夫妻宮內外皆凶，怎麼結婚啊？他說沒有錯，剛結婚那幾年，感情非常不好，很難適應，差一點離婚。還是符合命理。

2、為什麼會結婚，你只能說第三大限走鸞喜對照加大小桃花廉貪對照吧！只是結歸結，感情非常不好。

3、29歲太歲是己巳年，流年紅鸞入本命命宮去引動它。

4、他也坦白說他比較愛小孩，比較不重視妻子，第一他是破軍坐命奉行25孝。第二

子女有化權而夫妻宮卻是廉貞加煞之故。此外他的兩個孩子都是男的，破軍坐命的特性就是要不然孩子少，要不然孩子是單一性別，要不然全是男的，要不然全是女的。

5、此外他本身是破軍加天姚坐命，會紅鸞，喜吃吃喝喝，常應酬，最好帶點粉味的地方。

6、大限子田一線雙祿對照，也搬家了，也生兒子了。

7、大限廉貞化忌加陀羅，左手打棒球有扭傷過，足足有一段時間。

第四大限（乙未大限）：33－42歲

1、乙未大限，財運還不錯，天機化祿巨門化祿加祿存在財帛宮。

2、這個大限做過顧問、企劃方面的工作，經常要上台演說趕場子，財宮的巨門化祿靠嘴巴口舌之財，天機化祿靠策劃企劃案，大運走日月，白天、晚上都有在做，日月並行之財皆符合。

3、大限命宮太陰化忌視力變差，大運疾厄宮貪狼加陀羅應酬多酒喝太多，肝功能差，勞累亦疲倦。（應有脂肪肝之現象）

4、大限走太陽化權，也實際掌握到權力，老闆信任他，充分授權。

5、這個大限演講的場子滿多人，機巨化雙祿加祿存，且得到一些貴人幫助（大限僕役宮武曲化科天府），而且是有頭有臉的人，所以兄僕線旺就要走群眾路線。

第五大限（甲午大限）：43－52歲

1、甲午大限，七殺加天魁，走到殺破狼一定會大車拼，財福線雙祿交馳，一定有賺錢。而且本命福德宮的天府有會到這個廉貞化祿。

2、大限會魁鉞一定得貴人賞識，而且大限官祿破軍化權，有掌握到實權，只是大限有會空劫又走七殺，一定勞累。

3、大限遷移宮武曲化科天府，出外逢貴，等於此一大限會到科權祿加魁鉞。

4、但是大限疾厄宮煞忌，太陽化忌加大陀進去，自己走七殺加天刑（小擎羊），身

體不注意會垮掉的。本命疾厄文曲化科毛病也要顯現出來了。

5、大限命宮走哭虛相夾，大限父母宮有對宮太陽化忌加大陀來沖，三方大羊及鈴星來拱，長輩有一個會走，要不然身體也會走下坡了。

6、大限的田宅宮文昌化忌而且是羊陀夾忌和本命兄弟宮重疊，而本命的田宅宮又去引動了，是太陽權忌交馳加大陀，有可能和兄弟爭產之象，和大限父疾線重疊，嚴重的話可能和兄弟鬧上法庭，更何況自己大限走天刑，和兄弟爭遺產是很平常之事。

紫微斗數星盤

網址：http://www.fjm.tw

紫七天文 微殺鉞曲 天鳳天天 福閣姚巫 【命宮】喜臨指歲 【丁巳】神官背建	右 弼 天陰旬 官煞空 【父母】飛冠咸晦 【戊午】廉帶池氣	身宮 蜚天台 廉月輔 【福德】奏沐地喪 【己未】書浴煞門	左 輔 孤天 辰馬 【田宅】將長亡貫 【庚申】軍生神索
5～14 小限 11	115～124 小限 12	105～114 小限 1	95～104 小限 2
天天 火 機梁 星 天寡 喜宿 【兄弟】病帝天病 【丙辰】符旺煞符			廉破 文 貞軍 昌 祿 龍破 池碎 【官祿】小養將官 【辛酉】耗 星符
15～24 小限 10			85～94 小限 3
天 天 相 魁 三恩封 台光誥 【夫妻】大衰災弔 【乙卯】耗 煞客			天紅天地 傷鸞才空 【僕役】青胎攀小 【壬戌】龍 鞍耗
25～34 小限 9			75～84 小限 4
太巨 陽門 權 【子女】伏病劫天 【甲寅】兵 煞德	武貪 擎 曲狼 羊 忌 天天 哭刑 【財帛】官死華白 【乙丑】府 蓋虎	天太 祿 同陰 存 科 天天解地 使壽神劫 【疾厄】博墓息龍 【甲子】士 神德	天 陀鈴 府 羅星 天截八天 虛空座貴 【遷移】力絕歲大 【癸亥】士 驛耗
35～44 小限 8	45～54 小限 7	55～64 小限 6	65～74 小限 5

姓名融入怎麼看　性別:男

國曆:42年6月30日丑時　農曆:42年5月20日丑時

正印	日元	七殺	劫財	主星
辛丑	壬子	戊午	癸巳	八字
辛癸己	癸	己丁	戊庚丙	藏
正劫正 印財官	劫 財	正正 官財	七偏偏 殺印財	副星
衰	帝旺	胎	絕	運
白虎 月德合 金輿	龍德 六厄 月破 紅鸞 羊刃 將星 孤鸞	桃花 飛刃 日破	天乙貴人 劫煞	地支神煞

78	68	58	48	38	28	18	8	
庚戌	辛亥	壬子	癸丑	甲寅	乙卯	丙辰	丁巳	大運

編號:1029

五行：土五局　性屬：陰男　生肖：蛇

命主：武曲　身主：天機

范振木 老師　製作

電話:(02)8521-1998
手機:0909-331395

購屋搬家怎麼看？

此案例在乙丑大限時，大限命宮有煞忌辛苦挫折難免，擎羊坐守戴著鋼盔往前衝，武曲是財星，為的是想賺更多的錢，貪狼化忌欠遷移，每天為賺錢往外跑。

但大限財官都很好，除了昌曲拱大限命宮外，而且大限官祿宮有天鉞這個夜貴人暗助，紫微化科也代表有年長貴人相助，以及事業做出知名度來，科祿來拱大限的命宮，名利雙收。

這個大限命理上構成大限官祿宮非常好，本命的官祿宮也很好，內外皆吉，事業順利，蒸蒸日上。

而大限福德宮有大限的祿存進去，代表來財輕鬆，大限財帛宮有本命的破軍化祿，構成大限財福線雙祿交馳，大限財官都好，就有餘力購置不動產了。

因此大限田宅宮天機化祿天梁化權，就叫做購置不動產了，被火星及大限擎羊沖破，就解釋為房子有買有賣。

因此民國96年（2007年）（丁亥年）農曆4月搬家怎麼看？注意大限過宮要算足歲，還在乙丑大限（要到民國96年農曆5月20日之後才會過宮至甲子大限）。而且凡是大事，大限一定要具備，大限具備搬家之後再找流年，不就得了嗎？

1、**55歲斗君**引動本命田宅宮（申位）。

2、**55歲太歲**引動本命遷移宮（亥位）。

3、**55歲小限**引動本命財帛宮（丑位）。

綜合以上所述**55歲斗君**引動本命田宅宮，由**55歲太歲**引動本命遷移宮來帶動搬家。而**55歲小限**引動本命財帛宮，搬家需要一筆裝潢費，這就是我經常講的各宮位融入去看。（想要瞭解搬家要點怎麼看？歡迎購買范老師的紫微斗數USB錄影來研習更清楚）

第十一章

特殊命例研究

第一節 牛郎下海命例解說

紫 微 斗 數 星 盤

網址：http://www.fjm.tw　　本命　　2019/3/19

<table>
<tr>
<td>巨　祿
門　存

破天天天地地
碎刑巫貴劫空
【父母】博絕亡病
【丁巳】士　神符

15～24 小限 2</td>
<td>廉天擎
貞相羊

八
座
【福德】力胎將歲
【戊午】士　星建

25～34 小限 3</td>
<td>天　天火
梁　鉞星

【田宅】青養攀晦
【己未】龍　鞍氣

35～44 小限 4</td>
<td>七
殺

孤三天封
辰台馬誥
【官祿】小長歲喪
【庚申】耗生驛門

45～54 小限 5</td>
</tr>
<tr>
<td>貪　陀文
狼　羅昌
祿　　身宮

鳳寡解
閣宿神
【命宮】官墓地弔
【丙辰】府　煞客

5～14 小限 1</td>
<td colspan="2" rowspan="2">姓名:牛郎命例　性別:男
國曆:67年10月10日午時　農曆:67年9月9日午時
編號:1061
五行：土五局　性屬：陽男　生肖：馬
命主：廉貞　身主：火星
范振木 老師　製作　電話:(02)8521-1998　手機:0909-331395</td>
<td>天　鈴
同　星

天紅天
傷鸞姚
【僕役】將沐息貫
【辛酉】軍浴神索

55～64 小限 6</td>
</tr>
<tr>
<td>太
陰
權

天天天
官福喜
【兄弟】伏死咸天
【乙卯】兵　池德

115～124 小限 12</td>
<td>武　文
曲　曲

龍天天截陰
池才壽空煞
【遷移】奏冠華官
【壬戌】書帶蓋符

65～74 小限 7</td>
</tr>
<tr>
<td>紫天右
微府弼
　　科

蜚天
廉月
【夫妻】大病指白
【甲寅】耗　背虎

105～114 小限 11</td>
<td>天　天
機　魁
忌

旬
空
【子女】病衰天龍
【乙丑】符　煞德

95～104 小限 10</td>
<td>破　左
軍　輔

天天台
哭虛輔
【財帛】喜帝災大
【甲子】神旺煞耗

85～94 小限 9</td>
<td>太
陽

天恩
使光
【疾厄】飛臨劫小
【癸亥】廉官煞耗

75～84 小限 8</td>
</tr>
</table>

正印	日元	正印	正財	主星
壬午	乙巳	壬戌	戊午	八字
己丁	戊庚丙	丁辛戊	己丁	藏
偏食 財神	正正傷 財官官	食七正 神殺財	偏食 財神	副星
長生	沐浴	墓	長生	運
金匱 伏吟 文昌 學堂 桃花 外桃花	血刃 金輿 沐浴 血刃 孤鸞	五鬼 飛刃 墓庫 流霞	文昌 學堂 桃花	地支神煞

81	71	61	51	41	31	21	11	大運
庚午	己巳	戊辰	丁卯	丙寅	乙丑	甲子	癸亥	

牛郎命例解說

生辰：男命 農曆67年9月9日午時（西元1978年）

事件：第二大限開始下海做牛郎。

命格：

1、貪狼化祿坐命，貪狼是一顆大桃花，化祿叫做加重，更加重了它桃花的特性。貪狼加陀羅乃好色之徒，並且不挑嘴，老少咸宜，構成風流彩杖之格，一生容易吃上風流官司，看大限或流年什麼時候去引動它就兌現了，到時候命宮的乙級星官府就加重了他的風流官司了。

2、貪狼加文昌構成「三八桃花」的組合，公共場所愛現，唯恐人家不知道他的存在，男女同論。文昌文曲命遷線對照，一張唬爛嘴騙死人不償命。

3、命宮有那麼多桃花星坐命自然就會長得英俊風流瀟灑，充滿吸引異性的無窮魅力。

夫妻宮：

夫妻宮**紫微**北斗第一主星，**天府**南斗第一主星坐守，又加右弼化科坐守，喜歡的對象一定是那種有頭有臉、身分地位很高有錢又有氣質的貴婦，套句時下流行的一句話「NO MONEY NO TALK」沒錢的免談。

第二大限（丁巳大限）：15－24歲

桃花的命格走到第二大限你自然會多看幾眼第二大限的夫官線，第二大限的官祿宮紅鸞、天姚兩桃花星坐守在向他招手，天同又是坐享其成的星座，化權叫做雙職並存，酉位又是店位，此時就在牛郎店上班了。

此時大限夫妻宮太陰化權，又有大限的化祿去引動，你就知道有多少貴婦在捧他的場子了。**再看大限疾厄宮宮干是甲子**，廉貞化祿破軍化權至本命財福線，我們紫微斗數的術語叫做用你的身體去賺錢的傾向。

值得一提的是此人子位代表性器官的位子是破軍坐守，真可說是「天賦異稟」，得到上天太多的眷顧，是多麼的雄偉勇猛，難怪倚天劍一出鞘就所向披靡了。

而第二大限子女宮性需求的宮位紫微天府右弼化科，大限疾厄宮性能力的宮位破軍左輔坐守，以上皆為強勢的星座，否則怎麼能夠應付那麼「勞碌」的工作呢？

第二大限命宮走地空地劫叫做一定有一劫難，大限又走雙暗交馳，此時巨門化忌加大限的陀羅又被引動，乙級星的天刑又來增凶，意外、官訟、孝服、口舌是非隨便你選，走這種背運，坦白說連喝開水都會嗆到。尤其是民國86年（丁丑年）那一年更是要注意。

紫微斗數星盤

網址：http://www.fjm.tw　　2016/12/14

巨門 天鉞 權 天天龍八恩地地 福哭池座光劫空 【遷移】奏絕指官 【丁巳】書　背符 62～71 小限 3	廉貞 天相 天天 使官 【疾厄】飛胎咸小 【戊午】廉　池耗 72～81 小限 2	天梁 左輔 右弼 天 虛 【財帛】喜養地大 【己未】神　煞耗 82～91 小限 1	七殺 天陰封 喜煞誥 【子女】病長亡龍 【庚申】符生神德 92～101 小限 12
貪狼 文昌 鈴星 忌 天天 傷姚 【僕役】將墓天貫 【丙辰】軍　煞索 52～61 小限 4	姓名:薇O安　性別:女 國曆:62年5月29日午時　農曆:62年4月27日午時 編號:989 五行:水二局　性屬:陰女　生肖:牛 命主:巨門　身主:天相		天同 火星 鳳蜚三 閣廉台 【夫妻】大沐將白 【辛酉】耗浴星虎 102～111 小限 11
太陰 天魁 科 【官祿】小死災喪 【乙卯】耗　煞門 42～51 小限 5	范振木 老師　製作 電話:(02)8521-1998 手機:0935-331395		武曲 文曲 寡解 宿神 【兄弟】伏冠攀天 【壬戌】兵帶鞍德 112～121 小限 10
紫微 天府 紅孤天旬 鸞辰月空 【田宅】青病劫晦 【甲寅】龍　煞氣 32～41 小限 6	天機 擎羊 破 碎 【福德】力衰華歲 【乙丑】士　蓋建 22～31 小限 7	破軍 祿存 祿 天天天台 才壽刑輔 【父母】博帝息病 【甲子】士旺神符 12～21 小限 8	太陽 陀羅 身宮 截天天天 空馬巫貴 【命宮】官臨歲弔 【癸亥】府官驛客 2～11 小限 9

主星	正印	日元	食神	偏印
八字	壬午	乙丑	丁巳	癸丑
藏	己丁	辛癸己	戊庚丙	辛癸己
副星	偏食財神	七偏偏殺印財	正正傷財官官	七偏偏殺印財
運	長生	衰	沐浴	衰
地支神煞	桃花 文昌 學堂 桃花 外桃花	伏吟 月德合 華蓋 福星貴	五鬼 金輿 沐浴	華蓋

大運	73	63	53	43	33	23	13	3
	乙丑	甲子	癸亥	壬戌	辛酉	庚申	己未	戊午

薇〇安命例解說

生辰：女命　西元1973年國曆5月29日（維基檔案）

（農曆民國62年4月27日午時）

事例：西洋星座專家，電視名人薇〇安（本名陳佳瑛）民國105年國曆11月30日證實因乳癌而病逝，於12月16日舉行告別式。

命盤特徵：

1、太陽在亥位是晚上9點到11點的太陽已無光輝可言，對宮又是落陷的巨門，又主暗，在紫微斗數的理論來說叫雙暗交馳的命格，本宮還加煞星陀羅以及截空更是雪上加霜，會到對宮落陷的巨門化權加地空、地劫，標準命弱、身弱的格局。

2、命、身同宮的人少掉一個宮位，必須參照福德宮，而福德宮又是落陷的天機加最凶惡的煞星擎羊坐守，福份就不高了，命宮有截空，本身又是水二局，水空則流，行運不好沒話說，大運若再走不好，構成內外皆凶就很容易和上帝喝咖啡了。

3、會走入命理界，和命宮的**截空**很有關係，命宮有截空的人非常適合學五術，其次不要輕視乙級星的**天巫**，也是進入命理界的因素之二，網路上的訊息告知我們，薇〇安從小就喜歡命理的研究。

4、一個人出生的環境一定要參考父母宮和田宅宮，父母宮子位廟旺的破軍化祿加祿存，構成英星入廟格，其父陳連春先生是聲寶總經理。聽說她在**甲子大運（12至21歲）**時，家道中落過一陣子，乃因大限父母宮落陷的天機、擎羊加上大限陀羅進入，構成羊陀疊併，此時大限田宅宮落陷的太陰也被大限擎羊沖破。

5、**第一大限時妹妹去世**，大限走癸亥，構成僕役宮貪狼化雙忌加鈴星沖大限兄弟宮。**10歲小限走壬戌，10歲太歲也走壬戌（民國71年）**，兄弟宮武曲化雙忌加小限陀羅，太歲流陀，對宮是貪狼化雙忌加鈴星來沖，非常凶險，妹妹是年去世。

6、第三大限走乙丑大限，走宗教星的天機化祿進去引動加上**華蓋（非常重要乙級星的宗教星、命理星）**，聽說大學時期不惜花重金去學習西洋星座。

7、第四大限：32－41歲

走甲寅大限，甲的祿存進入大限的命宮，大限命宮紫微天府加祿存賺到大筆的鈔票，此時大限官祿宮廉貞化祿進去引動了，事業就飛黃騰達了，廉貞又主電視媒體，廉貞化祿當然叫做電視上出名了，此時三方也會到文曲化科叫做名利雙收。

但是此時大限疾厄宮天同加火星，水火相剋，對宮父母宮大羊來沖，本命疾厄宮廉貞化祿去引動，叫做毛病加重，叫做發胖，據報導胖到85公斤，工作壓力大一天只睡3小時，睡眠品質又不好，太在乎功成名就了（因命宮太陽是官祿主之故），為了形象又吃減肥藥，只喝果汁，又暴瘦了15公斤，身體哪堪這種折磨。

本命疾厄宮廉貞化祿和大限官祿宮重疊，為工作賣命，符合命理，一個人的體質是會往後延的。

8、第五大限：42－51歲

走乙卯大限，大限命宮構成羊陀夾忌（太陰化忌），命遷一線煞忌交馳就破了，對宮有一個火星來沖，而此時大限福德宮落陷的巨門化權加空劫已破，已無福可享，構成大限福德宮，本命福德宮內外皆凶，也構成大限命宮，本命命宮內外皆

凶而亡。乙卯大限的大限擎羊又進入辰位胸部的部位去引動了，故乳癌病發身亡，且又去沖大限疾厄，大限疾厄宮宮干又自化忌（武曲化忌）更不利她的健康了。

9、**大限斗君宮干「戊午」**，化忌去沖本命福德宮，故構成倒限。

註：倒限要件

福德宮為一個人的福基，並且會影響一個人的壽元。

所以一個人是否會倒限？怎麼去判定：

1、**大限命宮主星落陷**，又被煞星、化忌星及空劫、截空等包圍。

2、**大限福德宮主星落陷**也是被煞星、化忌星及空劫、截空等包圍。

具備以上條件已構成倒限之要件了。然後來一個最後的判定：

大限斗君宮干的化忌沖命，沖身，沖福德，入命，入身，入福德。以上入命或沖本命，或入大限都算。

表示當事者之福基已盡，無福可享，倘若田宅宮也不佳的話就是「榮歸故里」之時了。

民國 105 年（丙申年）運勢：

44小限已經過宮為45小限了（註：她是4月27日出生的人，原則上農曆7月30日以前出生的人，8月1日小限就要過宮到下一年了），45小限走癸亥，小限陀羅又入小限命宮，陀羅又主拖延，小限陀羅加本命陀羅加天馬又叫折足馬，引動命遷線之意叫做要跟上帝喝咖啡了。小限福德宮有本命擎羊，又再加小限擎羊來沖破，無福可享。

44太歲引動子田線住所異動，雙住所，醫院、家裡兩頭跑，最後到天堂住了。太歲走丙申，流年祿存逢空很不好，叫做祿空，45小限陀羅加天馬叫馬倒，構成斗數術語「祿空馬倒」，倒限要件之一，此外當年小限的疾厄宮廉貞化忌加流羊，血光難免。

辰位又是一個人的胸部的部位，小限貪狼再化個忌進去，又羊陀疊併，病情更加嚴重，已無法挽回了。

這個案例給我們一個很大的啟示就是身體是最重要的，失去了健康，再多的財富也用不到了，哀哉！

紫微斗數星盤

網址：http://www.fjm.tw 本命 2015/12/1

天 天 梁 鉞 祿 天天孤台 使喜辰輔 【疾厄】飛長劫晦 【乙巳】廉生煞氣 54～63 小限 6	七 殺 天鳳蜚恩 福閣廉光 【財帛】奏養災喪 【丙午】書 煞門 44～53 小限 5	三八天旬 台座月空 【子女】將胎天貫 【丁未】軍 煞索 34～43 小限 4	廉 貞 身宮 龍天 池姚 【夫妻】小絕指官 【戊申】耗 背符 24～33 小限 3
紫天 微相 權 天 刑 【遷移】喜沐華歲 【甲辰】神浴蓋建 64～73 小限 7	（中宮，見下）		鈴 星 【兄弟】青墓咸小 【己酉】龍 池耗 14～23 小限 2
天巨天右文 機門魁弼曲 天截 傷空 【僕役】病冠息病 【癸卯】符帶神符 74～83 小限 8			破 陀 軍 羅 天天天地 官虛貴劫 【命宮】力死地大 【庚戌】士 煞耗 4～13 小限 1
貪 狼 天天解 哭才神 【官祿】大臨歲弔 【壬寅】耗官驛客 84～93 小限 9	太太火 陽陰星 寡破封 宿碎誥 【田宅】伏帝攀天 【癸丑】兵旺鞍德 94～103 小限 10	武天擎 曲府羊 忌科 天陰地 壽煞空 【福德】官衰將白 【壬子】府 星虎 104～113 小限 11	天 祿左文 同 存輔昌 紅天天 鸞馬巫 【父母】博病亡龍 【辛亥】士 神德 114～123 小限 12

姓名:破羅戌位命例 性別:女

國曆:41年10月9日亥時 農曆:41年8月21日亥時

正財	日元	食神	偏財	主星
癸亥	戊子	庚戌	壬辰	八字
甲壬	癸	丁辛戊	癸乙戊	藏
七偏殺財	正財	正傷比印官扇	正正比財官扇	副星
絕	胎	墓	冠帶	運
紅鸞 龍德 亡神	金匱 白虎 飛刃 將星 六秀日	歲破 墓庫 血刃 寡宿 魁罡	月破 紅鸞 華蓋 魁罡	地支神煞

71	61	51	41	31	21	11	1	大運
壬寅	癸卯	甲辰	乙巳	丙午	丁未	戊申	己酉	

編號:42

五行：金四局 性屬：陽女 生肖：龍

命主：祿存 身主：文昌

范振木 老師 製作 電話:(02)8521-1998 手機:0935-630626

破軍陀羅戌位命例解說

生辰：女命 農曆41年8月21日亥時（西元1952年）

命格：

1、羅蓮女士命例解析：破軍戌位坐命個性熱心雞婆、倔強，喜刺激冒險，注重外表穿著打扮，名牌的愛用者。

2、奉行25孝，非常疼愛子女，重視子女。

3、破軍是耗星，又加煞星，用的東西特別容易壞。

4、破軍個性豪爽乾脆，點子新有創意，有設計的才華，觀念新潮跟得上時代的潮流。適合化學、化工行業。

5、命宮有陀羅應該會有喜歡球類的現象（會打高爾夫球）。

6、戌位破軍加陀羅，卵巢、子宮、腎臟會比較差。

7、身宮附著在夫妻宮，重視配偶，這邊又是四馬之地，與配偶出生地相距甚遠，配偶長相不錯（命例本人是北部人，配偶是南部人）。

8、身宮廉貞個性精明，廉貞又是蠻夷之使，非常擅長業務接洽推廣，有第六感。

9、身宮廉貞加天姚，異性緣超級棒。

10、遷移宮有紫微化權天相，一生勢必要遠離出生地發展，且出外一定會遇到年長貴人的相助而成功，出外人緣好。

11、福德宮擎羊，武曲化忌，閒不下來，心靈空虛，化忌欠財帛，財帛又有七殺，花錢勇敢，不善理財，財運易大起大落。

12、連續幾個大限命宮都有煞星，一路走來非常辛苦。

第一大限：4－13歲

兄弟姊妹有損（兄弟姊妹在媽媽肚子死了好幾個）。

第二大限：14－23歲

住所異動，開始工作了。身體不好，和父母關係也不好。

第三大限：24－33歲

引動本命夫官線，結婚了，並且生小孩了。但大限夫妻宮七殺加擎羊，夫妻相處欠佳（老公外面有女人，幾度想吃藥自殺，大限疾厄宮機巨有化忌去引動）。

第四大限：34－43歲

大限擎羊進入大限命宮，很辛苦，遷移宮化祿，一天到晚往外跑。這個大限事業很拼很努力，但是財帛宮卻化忌和僕役宮重疊，被朋友倒過帳。

第五大限：44－53歲

大限走七殺加擎羊，仍然很辛苦，身體也不好，這個大限交很多朋友。此一大限和老公關係不好，意見多。此一大限財運暴起暴落外，也應有車禍意外，大運走七殺的後五年絕對要小心再小心，不管是錢財或事業（此大限老公外面有女人兩人幾乎要決裂了，但是工廠為兩人共有很難分而作罷，大限夫妻宮有陀羅真好用）。

第四節　一輩子好命命例

紫微斗數星盤

網址：http://www.fjm.tw　本命　2015/12/29

天 鉞 身宮 天孤天天台 喜辰姚巫輔 【夫妻】飛臨劫晦 【乙巳】廉官煞氣 22～31 小限 6	天 右 機 弼 天鳳蜚八陰 福閣廉座煞 【兄弟】奏冠災喪 【丙午】書帶煞門 12～21 小限 5	紫破 微軍 權 天旬 月空 【命宮】將沐天貫 【丁未】軍浴煞索 2～11 小限 4	左 輔 龍三天 池台馬 【父母】小長指官 【戊申】耗生背符 112～121 小限 3
太 陽 【子女】喜帝華歲 【甲辰】神旺蓋建 32～41 小限 7	（見下方中宮）		天 鈴 府 星 科 天 壽 【福德】青養咸小 【己酉】龍 池耗 102～111 小限 2
武七天文 曲殺魁曲 忌 截 空 【財帛】病衰息病 【癸卯】符 神符 42～51 小限 8			太 陀 陰 羅 天天恩地 官虛光劫 【田宅】力胎地大 【庚戌】士 煞耗 92～101 小限 1
天天 同梁 祿 天天天 使哭貴 【疾厄】大病歲弔 【壬寅】耗 驛客 52～61 小限 9	天 火 相 星 寡破天封 宿碎刑誥 【遷移】伏死攀天 【癸丑】兵 鞍德 62～71 小限 10	巨 擎 門 羊 天解地 傷神空 【僕役】官墓將白 【壬子】府 星虎 72～81 小限 11	廉貪祿文 貞狼存昌 紅天 鸞才 【官祿】博絕亡龍 【辛亥】士 神德 82～91 小限 12

姓名:紫破化權未宮　性別:女

國曆:41年6月5日亥時　農曆:41年5月13日亥時

正印	日元	傷官	比肩	主星
辛亥	壬午	乙巳	壬辰	八字
甲壬	己丁	戊庚丙	癸乙戊	藏
食比 神肩	正正 官財	七偏偏 殺印財	劫傷七 財官殺	副星
臨官	胎	絕	墓	運
紅鸞 龍德 天德貴人 月破 祿神 劫煞	喪門 血刃 災煞 飛刃 將星	天喜 劫煞 月德合 天乙貴人 亡神	墓庫 血刃 寡宿 魁罡	地支神煞

81	71	61	51	41	31	21	11	
丁酉	戊戌	己亥	庚子	辛丑	壬寅	癸卯	甲辰	大運

編號:867

五行：水二局　性屬：陽女　生肖：龍

命主：武曲　身主：文昌

范振木 老師　製作　電話:(02)8521-1998　手機:0935-630626

紫微化權破軍未宮命例解說

生辰：女命 農曆41年5月13日亥時（西元1952年）

1、岳紫薇這張命盤乍看之下，有點像胡○夢以及劉邦友命例的組合，左、右夾命好命仔，而且父母宮化祿，父母都是大陸的旺族，祖父是清朝官員，爸爸是黃埔軍校第1期畢業，少將退伍，童年過著無憂無慮的生活，甚至一輩子得到父母的資助極大。

2、這張命盤的異性緣有多好，紫破就已經是桃花了，三方四正會到昌曲、紅鸞、沐浴，身宮借廉貪坐命還加天姚，年輕時大家都說她很美，是武俠片中的女主角，曾拍過很多連續劇，都是當女主角。

3、紫微化權有左右夾命好命之外，這個紫微也有力量，紫微已是帝座高高在上了，還化權你就知道她的個性有多鴨霸，全公司的人都怕她。之前不是有上過劉邦友的命例時有說過，劉邦友的個性鴨霸沒有轉圜的餘地。

4、紫微星的女命外表端莊，氣質高雅，富幻想。

5、兩祿一忌看心態，父母宮化祿除了孝順父母之外，也代表父母有多出來的現象。爸爸有兩個老婆，其次化祿入疾厄，一輩子也很有口福。

6、另外一個祿存入官祿宮，代表重事業，但是空劫一夾，也代表一生事業極不穩定，命身宮會到那麼多桃花星，入演藝圈有何不可，也代表要吃這一行飯。

7、化忌入財帛宮，一輩子和人有財務的是非，化忌欠福德宮，也代表此人欠缺人生的天倫樂，或夫妻之間有聚少離多的現象，或者晚婚或離婚之現象。第五大限離婚，老公包袱收一收，默默的偷偷離她而去。

8、遷移宮火星坐守，在外容易與人起衝突，不得人緣。

9、僕役宮巨羊的組合，很恐怖，這輩子一定會碰到黑道，果不其然，她說有一次在餐廳有7、8個黑道圍著她，她一點也沒在怕。

第一大限：2－11歲

丁未大限，大限田宅宮太陰化祿主搬家，疾厄宮化權化祿，吃得胖嘟嘟的，僕役宮化忌加擎羊和同學常吵架。

第二大限：12－21歲

丙午大限，大限財宮化雙祿物質生活很充裕，來財也輕鬆，父母給得很多。大限官祿宮有陀羅，本命官祿宮廉貞化忌，文昌化科，有些科目不錯，但是數理被當得一塌糊塗。

第三大限：22－31歲

乙巳大限，走廉貪加天姚進入演藝圈了，本命命宮紫微化科名聲上揚，這個大限就和老公同居了，大限田宅宮化權化祿。

第四大限：32－41歲

甲辰大限，走日月辰戌位出國勤，經常到外國拍片，構成大限宮祿宮，本命官祿宮內外皆吉，事業發展得不錯。但是大限命宮太陽化忌，不利父親，民國77年（戊辰年），37歲父親去世。

第五大限：42－51歲

癸卯大限，大限擎羊進入大限夫妻宮，所以大限夫妻宮被引動了，加上原來的火星，一個宮位哪堪雙煞的衝擊，所以離婚了。

大限命宮武殺化忌，大限財帛貪狼化忌和本命官祿重疊，投資拍片，錢拿不回來。構成大限財帛和本命財帛內外皆凶。大限官祿紫破化權化祿，很努力工作，卻沒有賺錢。大限疾厄宮化科有去整容。

第六大限：52－61歲

壬寅大限，大限命宮天梁化雙祿，大限命宮暗合又有暗祿，她的兄弟給她好幾千萬之外，大限父母宮武曲化雙忌，母親民國 101 年（壬辰年）去世，也給她一些遺產。這個大限財宮和本命財宮皆差，錢都被倒收不回來。

第七大限：62－71歲

癸丑大限，大限遷移紫破化權化祿，雲遊四海，快樂逍遙就好，因為大限官祿貪狼化忌沒工作了，也不需要再工作了。

紫微斗數星盤

網址：http://www.fjm.tw　本命　2016/3/23

<table>
<tr>
<td>天　祿鈴
相　存星

天天破
使官碎
【疾厄】博病亡病
【癸巳】士　神符</td>
<td>天　擎文
梁　羊曲

解陰
神煞
【財帛】力死將歲
【甲午】士　星建</td>
<td>廉七
貞殺
忌

三八天
台座刑
【子女】青墓攀晦
【乙未】龍　鞍氣</td>
<td>文
昌
科

孤天台
辰壽輔
【夫妻】小絕歲喪
【丙申】耗　驛門</td>
</tr>
<tr>
<td>73～82 小限 2</td>
<td>83～92 小限 3</td>
<td>93～102 小限 4</td>
<td>103～112 小限 5</td>
</tr>
<tr>
<td>巨　陀
門　羅

鳳寡天截封
閣宿才空誥
【遷移】官衰地弔
【壬辰】府　煞客</td>
<td colspan="2" rowspan="4">姓名:天同化祿戌位　性別:男
國曆:55年12月17日寅時　農曆:55年11月6日寅時
<table>
<tr><td>偏印</td><td>日元</td><td>比肩</td><td>七殺</td><td>主星</td></tr>
<tr><td>戊寅</td><td>庚戌</td><td>庚子</td><td>丙午</td><td>八字</td></tr>
<tr><td>戊丙甲</td><td>丁辛戊</td><td>癸</td><td>己丁</td><td>藏</td></tr>
<tr><td>偏七偏
印殺財</td><td>正劫偏
官財印</td><td>傷
官</td><td>正正
印官</td><td>副星</td></tr>
<tr><td>絕</td><td>衰</td><td>死</td><td>沐浴</td><td>運</td></tr>
<tr><td>白虎</td><td>五鬼
金輿
紅鸞
華蓋
魁罡
十靈日</td><td>歲破
災煞
血刃
隔角</td><td>月破
血刃
沐浴
將星</td><td>地支神煞</td></tr>
</table>
<table>
<tr><td>78</td><td>68</td><td>58</td><td>48</td><td>38</td><td>28</td><td>18</td><td>8</td><td rowspan="2">大運</td></tr>
<tr><td>戊申</td><td>丁未</td><td>丙午</td><td>乙巳</td><td>甲辰</td><td>癸卯</td><td>壬寅</td><td>辛丑</td></tr>
</table>
編號:222
五行：木三局
性屬：陽男
生肖：馬
命主：祿存
身主：火星

范振木 老師　製作　電話:(02)8521-1998
手機:0935-331395</td>
<td>天
鉞

紅地
鸞空
【兄弟】將胎息貫
【丁酉】軍　神索</td>
</tr>
<tr>
<td>63～72 小限 1</td>
<td>113～122 小限 6</td>
</tr>
<tr>
<td>紫貪火
微狼星

天天旬
傷喜空
【僕役】伏帝咸天
【辛卯】兵旺池德</td>
<td>天
同
祿

龍天天
池月貴
【命宮】奏養華官
【戊戌】書　蓋符</td>
</tr>
<tr>
<td>53～62 小限 12</td>
<td>3～12 小限 7</td>
</tr>
<tr>
<td>天太左
機陰輔
權　身宮

蜚天天
廉馬巫
【官祿】大臨指白
【庚寅】耗官背虎</td>
<td>天
府

地
劫
【田宅】病冠天龍
【辛丑】符帶煞德</td>
<td>太　右
陽　弼

天天天恩
福哭虛光
【福德】喜沐災大
【庚子】神浴煞耗</td>
<td>武破天
曲軍魁

天
姚
【父母】飛長劫小
【己亥】廉生煞耗</td>
</tr>
<tr>
<td>43～52 小限 11</td>
<td>33～42 小限 10</td>
<td>23～32 小限 9</td>
<td>13～22 小限 8</td>
</tr>
</table>

天同化祿戌位命例解說

生辰：男命　民國55年農曆11月6日寅時（西元1966年）

1、童嵇殷天同化祿坐命有口福，天同皮膚白皙，胖胖的。身宮居官祿宮事業心強，天機腦筋好，太陰坐身孝而不順，晚睡等特性都會有，和媽媽思想格格不入，易衝突，有女人緣。

2、由於媽媽愛賭爸爸不高興，所以媽媽懷孕，爸爸也不和媽媽結婚，是個私生子。

3、你看他父母宮有天姚，父母的夫妻位借紫貪加紅鸞坐守，童限走戌戌大限，還貪狼化祿進去，就知道長輩有多出來之現象，也知道父母的婚姻很複雜。

4、媽媽後來嫁給商界一位名人，生下一個同母異父的妹妹，爸爸也娶一個名人世家的女兒，爸爸是一個有名的律師。

5、這位天同的反而不太會喝酒，但偏愛和朋友在一起喝，喝完就吐。

6、不知是否天同化祿太有口福，她老婆說他很喜歡喝垃圾飲料（可樂、汽水）身體

不好，常亂服成藥，命遷一線同巨加煞的組合叫藥物中毒，遲早不是藥物中毒死掉，就是糖尿病死亡。因為疾厄宮又是天相屬水的組合加煞，空劫又拱他的疾厄宮。

7、財宮有擎羊花錢大方。

8、子女宮廉貞化忌除了有損外，也主和子女無緣，小孩經常被他揍。化忌欠田宅一生住所異動頻繁。

9、遷移宮巨陀的組合主一生意外多。

10、僕役宮紫貪的組合一堆吃吃喝喝、三教九流的朋友。

第一大限：3－12歲

走戌戌大限，遷移宮巨陀的組合已主意外了，再加上大限的陀羅　進去引動，絕對有意外，若沒有意外，這張命盤是絕對有問題的，紫微一定有它的理論。巨陀主意外，再一個新的陀羅去引動它，是絕對要兌現。所以在上幼稚園至及12歲都有過大意外，騎腳踏車

發生意外，鋼筋都穿入大腿，這不是大意外嗎？而且童限的疾厄宮是雙羊雙陀夾煞，身體一定會有問題。

童限走戊戌，父母的夫妻位是紫微貪狼化祿，長輩婚姻就多出來。爸爸娶了別的女人，媽媽嫁給別的男人，長輩的婚姻很複雜。

第三大限：23－32歲

庚子大限，大限夫妻宮有本命的天同化祿，這個大限結婚了，大限疾厄宮廉貞化忌、七殺加大陀進入引動，本命疾厄宮天相化忌、祿存加鈴星也引動，構成大限疾厄本命疾厄內外皆凶，所以此一大限身體不好，尤其心臟不好經常發作到快死掉。

此一大限幫朋友背書保證出問題，還吃官司，大限兄僕線和本命父疾線重疊。

第四大限：33－42歲

走辛丑大限，天府會空劫三角地雷點，好看而已，大限祿存逢空，大限疾厄宮文昌化忌加大陀，臉上常長痘痘，其實自上個大限就一直長痘痘。

文昌化忌加大陀也是本命夫妻宮，大限夫妻宮武破老婆經常被揍，老婆想訴請離婚。（這個大限和有夫之婦亂搞，被女方老公痛打一頓）。

子女宮廉貞化忌加七殺，大限子女宮大羊進去引動，除子女有損外，和小孩的互動非常不好，小孩經常被揍，住所異動頻繁。

結論：天同坐命有感情的困擾，身宮太陰坐守，太有女人緣了，同巨坐命遷線不利婚姻。

紫 微 斗 數 星 盤

網址：http://www.fjm.tw　本命　2015/12/15

天　陀 梁　羅 科 天天天 虛姚巫 【子女】官長歲大 【己巳】府生驛耗 94～103 小限 9	七　祿右 殺　存弼 陰 煞 【夫妻】博沐息龍 【庚午】士浴神德 104～113 小限 8	擎火 羊星 天天三八天 哭才台座月 【兄弟】力冠華白 【辛未】士帶蓋虎 114～123 小限 7	廉　天左鈴 貞　鉞輔星 天 馬 【命宮】青臨劫天 【壬申】龍官煞德 4～13 小限 6
紫天 微相 身宮 紅台旬 鸞輔空 【財帛】伏養攀小 【戊辰】兵　鞍耗 84～93 小限 10	姓名:廉鈴申位命例　性別:女		天破截地 官碎空劫 【父母】小帝災弔 【癸酉】耗旺煞客 14～23 小限 5
天巨 機門 天龍天 使池壽 【疾厄】大胎將官 【丁卯】耗　星符 74～83 小限 11	范振木 老師　製作	電話:(02)8521-1998 手機:0935-630626	破 軍 天寡恩 喜宿光 【福德】將衰天病 【甲戌】軍　煞符 24～33 小限 4
貪　文 狼　曲 權　忌 天孤 福辰 【遷移】病絕亡貫 【丙寅】符　神索 64～73 小限 12	太太 陽陰 天蜚天地 傷廉刑空 【僕役】喜墓地喪 【丁丑】神　煞門 54～63 小限 1	武天 天文 曲府 魁昌 祿 解天封 神貴誥 【官祿】飛死咸晦 【丙子】廉　池氣 44～53 小限 2	天 同 鳳 閣 【田宅】奏病指歲 【乙亥】書　背建 34～43 小限 3

國曆:48年6月17日戌時　農曆:48年5月12日戌時

七殺	日元	比肩	正印	主星
丙戌	庚午	庚午	己亥	八字
丁辛戊	己丁	己丁	甲壬	藏
正劫偏 官財印	正正 印官	正正 印官	偏食 財神	副星
衰	沐浴	沐浴	病	運
天寡 月德貴人 金輿 紅鸞 華蓋	龍德 六厄 元辰 沐浴 將星 福星貴	龍德 六厄 元辰 沐浴 將星	天德貴人 文昌 劫煞	地支神煞

77	67	57	47	37	27	17	7	
戊寅	丁丑	丙子	乙亥	甲戌	癸酉	壬申	辛未	大運

編號:137

五行：金四局　性屬：陰女　生肖：豬

命主：廉貞　身主：天機

廉貞天鉞左輔鈴星申宮命例解說

生辰：女命 農曆48年5月12日戌時（西元1959年）

1、林蓮月來解析，二祿一忌看心態，祿存入夫妻宮，重視配偶，官祿宮化祿，事業心強，化忌在遷移宮，出外有是非（但是化忌欠命宮基本上個性會比較自私）。

2、身宮附著在財帛宮，重財。

3、鈴星坐命和人衝突會生悶氣，廉鈴的組合會有灰色思想（她告訴我，她跟她的一個妹妹有衝突可以20年不講話，不相往來）。

4、廉貞加煞坐命，童年不好養，她說她小時候差點死掉，媽媽到處求神拜佛。

5、天鉞坐命，身宮天相，個性絕對雞婆熱心，左輔也有心地慈善的一面。

6、兄弟宮雙煞，兄弟一定有損，無緣。她說沒錯，兄弟死了一個，另一個混黑道，不學好，還被殺，又殺人。

7、子女宮加煞，又三空拱，子女也一定有損，她說有損過沒錯。

8、父母宮有截空和父母緣份淡薄，機巨借過來，也無緣，口角是非多。乙亥大限破敗之後，父母賣掉一間房子替她償債，父母為其所拖累，她從此不敢回去。

第三大限：24－33歲

這個大限結婚了，住所異動，28歲結婚。

第四大限：34－43歲

財宮羊火，對宮太陰化忌來沖，煞忌交馳在大限的財福線，和本命兄僕線重疊，和兄弟有財務上的糾紛。證實沒錯，此一大限老公投資失敗，她向兄弟及父母借錢沒還，從此也沒有臉回娘家，非常沒有面子。

第五大限：44－53歲

本命命宮廉貞化忌加鈴星，和財宮重疊，雖然退休有一筆錢，但不多。依然欠錢，很悲觀，有輕生的念頭（廉貞化忌加鈴星在本命命宮引動了，叫做灰色思想）。大限疾厄宮辛未，文昌又化忌，有憂鬱症傾向。

丙子這個大限，疾厄宮羊火無制，本命命宮廉貞又化忌，身體非常不好，一定有血光，有嚴重的糖尿病。

丙子大限，大限夫妻宮破軍造成隔角，對宮大限陀羅來沖，而本命夫妻宮祿存逢大限擎羊沖破，夫妻之間相處問題很多，很想離婚，但是都為了小孩而作罷。

第七節 中年名利雙收可惜身體欠佳命例

紫微斗數星盤

網址：http://www.fjm.tw　本命　　2015/10/27

<table>
<tr>
<td>天　火
相　星

天天龍截
福哭池空
【福德】病病指官
【癸巳】符　背符</td>
<td>天　天文
梁　魁曲

【田宅】大死咸小
【甲午】耗　池耗</td>
<td>廉七左右
貞殺輔弼
身宮
天
虛
【官祿】伏墓地大
【乙未】兵　煞耗</td>
<td>陀文
羅昌
　忌
天天天陰台
傷喜壽煞輔
【僕役】官絕亡龍
【丙申】府　神德</td>
</tr>
<tr>
<td>23～32 小限 3</td>
<td>33～42 小限 2</td>
<td>43～52 小限 1</td>
<td>53～62 小限 12</td>
</tr>
<tr>
<td>巨
門
祿

天天封旬
才姚誥空
【父母】喜衰天貫
【壬辰】神　煞索</td>
<td colspan="2" rowspan="5">
姓名:　　性別:女
國曆:50年5月20日寅時　農曆:50年4月6日寅時
<table>
<tr><td>傷官</td><td>日元</td><td>比肩</td><td>偏印</td><td>主星</td></tr>
<tr><td>甲寅</td><td>癸丑</td><td>癸巳</td><td>辛丑</td><td>八字</td></tr>
<tr><td>戊丙甲</td><td>辛癸己</td><td>戊庚丙</td><td>辛癸己</td><td>藏</td></tr>
<tr><td>正正傷
官財官</td><td>偏比七
印肩殺</td><td>正正正
官印財</td><td>偏比七
印肩殺</td><td>副星</td></tr>
<tr><td>沐浴</td><td>冠帶</td><td>胎</td><td>冠帶</td><td>運</td></tr>
<tr><td>紅鸞
劫煞
金輿
沐浴
劫煞
孤辰</td><td>伏吟
羊刃
華蓋</td><td>五鬼
天乙貴人</td><td>天德貴人
羊刃
華蓋</td><td>地支神煞</td></tr>
<tr><td>76 辛丑　66 庚子</td><td>56 己亥　46 戊戌</td><td>36 丁酉　26 丙申</td><td>16 乙未　6 甲午</td><td>大運</td></tr>
</table>
編號:244
五行：木三局　性屬：陰女　生肖：牛
命主：文曲　身主：天相
范振木 老師　製作　電話:(02)8521-1998
手機:0935-331395
</td>
<td>祿
存

天鳳蜚地
官閣廉空
【遷移】博胎將白
【丁酉】士　星虎</td>
</tr>
<tr>
<td>13～22 小限 4</td>
<td>63～72 小限 11</td>
</tr>
<tr>
<td>紫貪
微狼

【命宮】飛帝災喪
【辛卯】廉旺煞門</td>
<td>天　擎
同　羊

天寡解天
使宿神貴
【疾厄】力養攀天
【戊戌】士　鞍德</td>
</tr>
<tr>
<td>3～12 小限 5</td>
<td>73～82 小限 10</td>
</tr>
<tr>
<td></td>
<td></td>
</tr>
<tr>
<td>天太天
機陰鉞

紅孤八天
鸞辰座月
【兄弟】奏臨劫晦
【庚寅】書官煞氣</td>
<td>天
府

破地
碎劫
【夫妻】將冠華歲
【辛丑】軍帶蓋建</td>
<td>太　鈴
陽　星
權

三天恩
台刑光
【子女】小沐息病
【庚子】耗浴神符</td>
<td>武破
曲軍
科

天天
馬巫
【財帛】青長歲弔
【己亥】龍生驛客</td>
</tr>
<tr>
<td>113～122 小限 6</td>
<td>103～112 小限 7</td>
<td>93～102 小限 8</td>
<td>83～92 小限 9</td>
</tr>
</table>

紫貪卯位命例解說

生辰：女命 農曆50年4月6日寅時（西元1961年）

命盤分析：

1、沙紫蓮命例解析：二祿一忌看心態、孝順父母，但巨門坐守，和父母沒緣，口角多摩擦多。

2、祿存入遷移，喜歡趴趴走，可是逢空在外面又待不住，無利可圖，又想回家，心態很矛盾。

3、化忌入僕役，裡面又有陀羅、陰煞，一生犯小人，化忌欠兄弟，對兄弟姊妹很好。

4、身宮入官祿宮，事業心強，更何況命宮紫微是官祿主，事業心絕對很強。

5、紫微星的女命重視氣氛、情調，有音樂藝術的才華。比較假仙。

6、貪狼星座命多才多藝，什麼都會，卻沒有一樣精，學東西博而不精。紫貪會空，對骨董、字畫很有興趣。長相因貪狼會空也比較普通，不像真正的紫貪妖嬌美麗。

也比較沒有桃花。

7、身宮有廉貞非常精明，小時候不好養，七殺坐身的特性，性急，對小孩沒有耐性，據他所說，她的兩個小孩一男一女，小時在車上不乖，講不聽，一氣之下，兩個被拉下車放在路邊，車子繞了5分鐘再回來，兩個小孩嚇死了，哭得要死，以後再也不敢不聽話了。左輔右弼坐身，個性也有慈善的一面。左右助廉殺更精明更幹練。

8、福德宮天相加火星逢截空，重穿，愛漂亮，可是加煞又逢空，空劫又來拱，碰到難以解決之事，無法入睡，一生操勞不得閒。

9、第一大限身體不好小時是一個恰查某，和同學打架（僕役宮雙陀加雙忌）。

10、第二大限住所異動（本命田宅天梁化祿引動）20歲上台北。第二大限走巨門化祿，愛吃，好玩，不喜讀書，第二大限官祿宮文昌化忌加陀羅，官祿宮有煞忌，求學不順。成績不是補考，就是學歷中斷，左腳受過傷。

11、第三大限做化妝品生意，經常遠行南北跑，遷移宮破軍化祿，本命貪狼化忌欠遷

移。第三大限沒有引動夫妻宮卻結婚，而且還貪狼化忌，但是未結婚前感情不順是真的，好不容易結婚，造成夫妻間聚少離多可解。這個大限天相加火星水火相剋，經常有酒精過敏、皮膚不好紅腫之現象，大限命宮有火星，大限疾厄宮有鈴星之故。此一大限也常頭痛。疾厄宮太陽加鈴星之故。

12、第四大限開始做幼教工作，當園長，走天梁天魁文曲之故。遷移宮煞忌（太陽化忌加鈴星）有過意外。

13、第五大限財宮有祿存，不愁錢。但是身體不好，天機化祿開始逐漸發胖，太陰化忌加陀羅，開始四肢痠痛之現象。紫微化科是本命命宮化科，知名度逐漸有打開，紫微化科有會左右，絕對有成就了。

14、但是這個大限父母至少會過世一個，乃因大限父母有煞忌且對宮太陰化忌欠過來，本命父母大羊進去引動，構成大限父母本命父母內外皆凶之故。第五大限這種年齡父母去世是正常的。

15、以上按照占驗派理論同學們絕對論得出來的，命例要多看才會有經驗。

紫 微 斗 數 星 盤

網址：http://www.fjm.tw　本命　　2015/10/27

巨 門 破三封旬 碎台誥空 【財帛】小長亡病 【己巳】耗生神符 84～93 小限 2	廉天鈴 貞相星 祿 解陰 神煞 【子女】將沐將歲 【庚午】軍浴星建 94～103 小限 3	天　天文文 梁　鉞昌曲 科 天天 官刑 【夫妻】奏冠攀晦 【辛未】書帶鞍氣 104～113 小限 4	七 殺 孤截地 辰空空 【兄弟】飛臨歲喪 【壬申】廉官驛門 114～123 小限 5
貪　火 狼　星 天鳳寡 使閣宿 【疾厄】青養地弔 【戊辰】龍　煞客 74～83 小限 1			天 同 天紅天八恩天台 福鸞壽座光貴輔 【命宮】喜帝息貫 【癸酉】神旺神索 4～13 小限 6
太　擎 陰　羊 身宮 天天 喜才 【遷移】力胎咸天 【丁卯】士　池德 64～73 小限 12			武 曲 龍天 池月 【父母】病衰華官 【甲戌】符　蓋符 14～23 小限 7
紫天祿左 微府存輔 天蜚天天地 傷廉馬巫劫 【僕役】博絕指白 【丙寅】士　背虎 54～63 小限 11	天　陀天 機　羅魁 【官祿】官墓天龍 【丁丑】府　煞德 44～53 小限 10	破　右 軍　弼 權 天天 哭虛 【田宅】伏死災大 【丙子】兵　煞耗 34～43 小限 9	太 陽 忌 天 姚 【福德】大病劫小 【乙亥】耗　煞耗 24～33 小限 8

姓名:　　性別:男

國曆:43年11月28日卯時　農曆:43年11月4日卯時

正官	日元	正官	七殺	主星
乙卯	戊子	乙亥	甲午	八字
乙	癸	甲壬	己丁	藏
正官	正財	七偏殺財	劫正財印	副星
沐浴	胎	絕	帝旺	運
天喜 福德 桃花 天德貴人 沐浴	歲破 災煞 飛刃 將星 六秀日	劫煞 天德貴人 血刃 亡神	月德貴人 羊刃 日破	地支神煞

74	64	54	44	34	24	14	4	大運
癸未	壬午	辛巳	庚辰	己卯	戊寅	丁丑	丙子	

編號:263

五行：金四局　性屬：陽男　生肖：馬

命主：文曲　身主：火星

范振木 老師　製作　電話:(02)8521-1998　手機:0935-630626

天同酉位命例解說

生辰：男命 農曆43年11月4日卯時（西元1954年）

1、童英揚命宮坐天同，身宮太陰，命遷一線有紅鸞天喜對照，夫妻宮又有文昌、文曲，所以這輩子很有女人緣，但是必須注意夫妻的問題。

2、天同個性溫和善良，太陰孝順顧家晚睡，孝而不順，加煞視力不好，也代表和媽媽、妻子、女兒磁場較排斥。

3、二祿一忌看心態，祿存入僕役宮對朋友好，僕役宮又有北斗第一主星紫微，南斗第一主星天府，可以認識很多有頭有臉的人，但因為兄僕一線地空地劫對照，對自己幫助並不大。

4、兄弟宮七殺空劫對照又有截空，應該有損過的現象（小學一年級時，不小心拳頭打到媽媽的肚子，媽媽流產了，目前只有一個姊姊）。

5、福德宮化忌，比較操勞。碰到大事不易入睡。

6、第一大限：

有搬過家，住所異動，疾厄宮貪狼化忌去引動加火星，肝功能欠佳。皮膚過敏，書唸得不好。

7、第二大限：

和老爸關係不好，要不然老爸有亡故之現象。大限僕役宮太陰加擎羊，大羊又進入去引動，交上損友和本命遷移宮重疊，在外和人起衝突，腰部被戳了一刀（卯位是腰部有雙羊在此），上述之事讓父母傷透了腦筋。

8、第三大限：

走乙亥大限，大限命宮走太陽化忌，官祿主在化忌，再看大限官祿宮太陰化忌引動了加本命羊，除了學歷線已中斷外，出社會工作也非常不穩定，大限命遷線又走雙暗交馳是非極多。大限僕役宮有貪狼坐守又有大羊進入引動，所交的都是一些吃吃喝喝的酒肉朋友。

9、第四大限：

照道理這個大限本命夫妻宮天梁化權去引動了，應該會想結婚，但是大限官祿宮煞忌去沖大限夫妻，而且此人本命身宮太陰加擎羊磁場極端不利夫妻，所以說這個大限只有交女朋友而沒有結婚。

10、第五大限：

走丙子大限，大限遷移宮廉貞化忌去引動加鈴星坐守，開車發生意外，本命官祿宮天機賭博星化權引動了，非常好賭，加上大限財福線空劫對照，必有財務隱憂，大限走殺破狼絕對暴起暴落。他居然告訴我說他這個大限開始打坐信佛很離譜。

11、第六大限：

走丁丑大限，大限官祿宮巨門化忌加大限陀羅進入，工作不順利，碰到瓶頸和財帛宮重疊，外帶火鈴夾，花錢大方，好賭，丁丑大限賠了六百萬變成卡奴。做房地產生意，客人多給他兩百萬，也被他花光了。本命夫官線羊陀對照，構成大限

官祿本命官祿內外皆凶，工作極不穩定，大限命宮走天機化科加煞，大限財福線鸞喜對照，嗜賭如命，每週五晚上搭長榮航空去澳門豪賭，週日晚上才搭長榮航空回來，有長榮航空的貴賓卡，空姐都認識他。

12、第七大限：

走丙寅大限，大限命宮紫微天府祿存，被地空地劫毀了，大限官祿廉貞化忌加大限擎羊引動了構成「刑囚夾印」，事業上須注意有官司之現象。

范老師新生北路上課時況

紫微斗數講師范振木招生啓事

范老師在每年三月及九月的第一個星期都會開紫微斗數初級班，有下午班及晚上班，歡迎來電或加入范師母的 Line 或微信洽詢。

更特別的是創立了助教制度，每班都有二至三個助教來免費為學員解答命例，面面俱到。學好或許成為您的第二職業專長，以范老師執教近二十年來，學生超過三千位之經驗，學好紫微一定要按部就班，現在各大命理街、夜市都有范老師教出來的學生為市民服務。

紫微斗數講師范振木

（H）02-8521-1998　（HP）0909-331-395

紫微斗數講師黃素芳（范師母）

范師母 LINE ID：85211998

范師母微信 ID：susan 85211998

（O）02-2581-6490　（HP）0909-114-513

教室地址：台北市新生北路二段5巷9號

好消息

范老師在2015年7月15日已陸續出版紫微斗數USB錄影教學，按照初級班、進階班。

1. 初級班 定價NTD 5000元
2. 進階班 定價NTD 12000元
3. 高級班每期 定價NTD 12000元

以上每集內容：

1. 36小時（濃縮成一個隨身碟，非常方便攜帶）
2. 一本 價值500元的課本
3. 一本 價值300元的講義

把隨身碟插在電腦上看非常清晰。有問題歡迎來電或加入范師母的 Line 或微信洽詢。

學好或許成為您的第二職業專長。看過的學員及朋友都一致讚揚可以無師自通。

紫微USB教學錄影廣告

初級班教材內容：
書籍1本、講義1本、
保護鎖1支、課程USB1支

進階班教材內容：
排盤光碟1片、講義1本、
保護鎖1支、課程USB1支

高級班(一)教材內容：
書籍1本、講義1本、
保護鎖1支、課程USB1支

高級班(二)教材內容：
書籍1本、講義1本、
保護鎖1支、課程USB1支

研習范老師紫微斗數 USB 錄影教材要點

1、首先這些紫微 USB 錄影教材一定要按照初級班、進階班、高級班逐步去研習，基礎才能紮穩，切莫好高鶩遠基礎不穩而全盤皆輸。

2、以范老師執教近二十年來，學生超過三千位之經驗，學好紫微一定要按部就班，其次在研習過程中一定要把周遭親友的命例整理成冊保留驗證。

3、論命一切都在於第一是單星的基礎，第二是四化的活用（化祿、化權、化科、化忌），觀賞紫微 USB 錄影教材並配合所贈之課本及精心策劃的講義逐步研習，在老師這邊全程研習完畢的學員都很會論命，以此為業，甚至有非常多的學員已為人師表，遍佈世界各地讓我感到非常的欣慰。

4、這些紫微 USB 錄影教材最大的作用是嘉惠遠地如台灣中南部以及世界各地無法來台北親自研習者用，其次也逐漸考慮自己年事漸高，深感優良的中華文化千古絕學─紫微斗數唯恐失傳而鞭策自己一定要在有生之年呈現給世人，望共勉之。

5、本講義定價300元。

范振木老師謹識

2015年歲次乙未年母親節

購買本書即贈送

【紫微斗數排盤軟體普通版】，請掃描左邊QR Code進入紫微斗數排盤軟體普通版，即可永久使用。（如需專業版請洽吉祥坊）

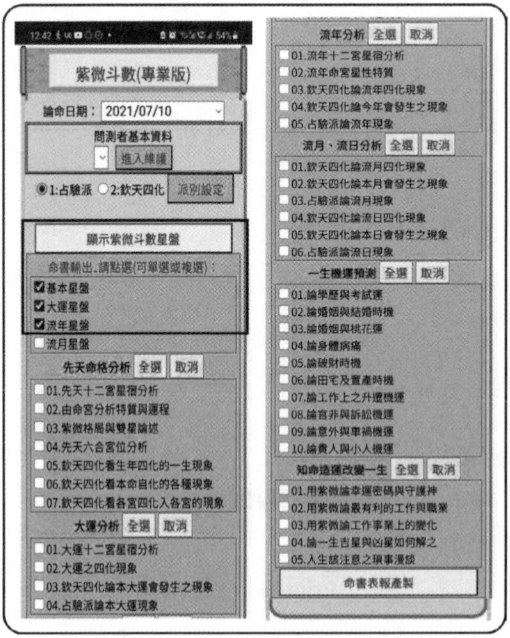

國家圖書館出版品預行編目資料

快速學會紫微活盤／范振木、黃恆堉、黃素芳合著.
——第一版——臺北市：知青頻道出版；
紅螞蟻圖書發行，2022.01
面　；　公分——(Easy Quick；181)
ISBN 978-986-488-223-6（平裝）

1.紫微斗數

293.11　　110019201

Easy Quick 181

快速學會紫微活盤

作　　者／范振木、黃恆堉、黃素芳
發 行 人／賴秀珍
總 編 輯／何南輝
校　　對／周英嬌、范振木、黃素芳
美術構成／沙海潛行
封面設計／引子設計
出　　版／知青頻道出版有限公司
發　　行／紅螞蟻圖書有限公司
地　　址／台北市內湖區舊宗路二段121巷19號(紅螞蟻資訊大樓)
網　　站／www.e-redant.com
郵撥帳號／1604621-1　紅螞蟻圖書有限公司
電　　話／(02)2795-3656（代表號）
傳　　真／(02)2795-4100
登 記 證／局版北市業字第796號
法律顧問／許晏賓律師
印 刷 廠／卡樂彩色製版印刷有限公司
出版日期／2022年 1月　第一版第一刷

定價 300 元　港幣 100 元

ISBN　978-986-488-223-6　　Printed in Taiwan